D1866038

Mutter ist die allerbeste

Lia Franken (Hrsg.)

Mutter ist die allerbeste

Ein bunter Strauß von Geschichten,
Erfahrungen und Erlebnissen
für die geliebte Mutter

Scherz

1. Auflage der Sonderausgabe 1996
Copyright © beim Scherz Verlag, Bern, München, Wien.
Die Rechte für die Erzählungen liegen bei den im
Quellenverzeichnis genannten Inhabern.
Alle Rechte der Verbreitung, auch durch Funk, Fernsehen,
fotomechanische Wiedergabe, Tonträger jeder Art und
auszugsweisen Nachdruck, sind vorbehalten.
Schutzumschlag unter Verwendung
einer Zeichnung von Klaus Holitzka.

Inhalt

Mutter wird man alle Tage neu . . .

Nicht für die Schule, für das Leben lernen wir . . .

Eine rechte Mutter sein, das ist ein schwerer Dienst . . .

Sie ist immer da . . .

Jeder Tag ist Muttertag . . .

Ich sehe dich in deiner Liebe Licht . . .

Eine Mutter altert nie . . .

Gott konnte nicht überall sein,
darum machte er die Mütter.

Sprichwort

Mutter wird man alle Tage neu . . .

Johann Wolfgang von Goethe

Kinder

Denn wir können die Kinder
  nach unserem Sinne nicht formen;
So, wie Gott sie uns gab, so muß
  man sie haben und lieben.
Sie erziehen aufs beste
  und jeglichen lassen gewähren.
Denn der eine hat die,
  die anderen andere Gaben;
Jeder braucht sie, und jeder
  ist doch nur auf eigene Weise
Gut und glücklich.

Franziska Gräfin zu Reventlow

Das erste Kind

September

Am ersten September ist mein Kleines geboren, nach schweren Schmerzen. Ich glaube, ich wäre beinahe wahnsinnig geworden, wollte nur noch aus dem Fenster springen, wenn sie mich nicht gehalten hätten. Als ich dann aus der Narkose erwachte, fing der Morgen an zu dämmern. Dr. v. N. weckte mich und sagte: Es ist ein Sohn, und wir gaben uns die Hand. Es war so gut, diesen treuen alten Freund bei mir zu haben, ich war mir so entsetzlich allein vorgekommen.

Alles war so sonderbar, wie ein schwerer Traum, das halbdunkle Zimmer mit all den Menschen, und ich fragte nur, ob es lebte. Dann gingen sie fort – ich lag in halbem Bewußtsein mit großen Schmerzen. Alles in mir zitterte noch. Nachher brachten sie mir das ganz kleine Süße, Herrliche in seinem weißen Kissen. So glatt und rosig war es, ich hatte es mir lange nicht so schön gedacht.

Die erste Zeit kam ich kaum zur wirklichen Freude. Vor Fieber, Schmerzen und entsetzlicher Zerschlagenheit wußte ich kaum, wie mir war, und hatte nur ein dunkles Gefühl in mir, daß im Nebenzimmer mein kleines Kind liegt und das Wundervolle auf mich wartet. Und dabei immer, als ob ich den Schrecken gar nicht verwinden könnte, das Todesentsetzen in jener Nacht. Mit jedem Schmerz kam es wieder, daß alle Nerven bebten. Ich dachte, ich würde nie wieder gesund werden oder noch nachträglich den Verstand verlieren.

Dann kam man so langsam ins Leben zurück. Ich lag in meinem Wohnzimmer und sah grüne Bäume und Sonne und hatte mein Kind, endlich mein Kind, o mein Gott, mein Kind. Alles hängt an ihm, all meine Liebe und all mein Leben, und die Welt ist wieder herrlich für mich geworden, wieder Götter und Tempel und der blaue Himmel darüber.

Aber wie zerbrochen beim ersten Aufstehn nach vierzehn Tagen. Der Doktor wollte, ich sollte sechs Wochen liegen. Aber das geht ja nicht – ich wollte es auch immer, immer bei mir haben.

20. Sept.

Vor ein paar Tagen hatte ich das Geliebte zum erstenmal nachts bei mir, bin wieder in mein Schlafzimmer umgezogen. Ach, war das eine Wirtschaft ...

Aber in dieser ersten Nacht war ich fast noch hilfloser als das kleine Geschöpf, das immer schrie. Schließlich saß ich auf dem Bettrand und weinte auch, und es kam mir so vor, als ob wir beide ganz verlassen wären und zugrunde gehen müßten.

Dann ein trüber, grauer Herbstsonntag. Ich lag wie zerschmettert auf dem Diwan und dachte: Was soll aus uns werden?

Am Abend N., ich hab so viel geweint, es war Erlösung, daß jemand kam und gut war. Ich bekam wieder Mut – die nächste Nacht war solche Seligkeit, das Kleine bei mir zu haben und aufzuwachen, wenn es schrie.

28. Sept.

Jetzt ist es immer, immer bei mir, Tag und Nacht, und es ist herrlich geworden, in all dem Reichtum zu leben mit meinem süßen, schönen Baby. Es ist so blühend mit seinen großen dunklen Augen und dem rosigen Gesicht. Am Tag liegt es im Wohnzimmer in seiner alten Bauernwiege und nachts in einem Korb an meinem Bett. Ich noch immer auf dem Sofa, aber ich werde wieder wohler. Es läßt mich wenig schlafen, aber ich freue mich auf jede Nacht, da hab ich es so ganz bei mir, niemand hört und sieht uns.

1. Okt.

Es wird alle Tage größer und schöner und ich glücklicher. Ich bin wie in einer Traumwelt, alles schimmert und leuchtet für mich – das einzige Mal im Leben, wo man ganz das Gefühl erfüllter Sehnsucht hat.

Ich kann mich nicht entschließen auszugehen, es ist so schön, den ganzen Tag nur mit ihm zusammen zu sein, solange ich das haben kann. Bald muß ich wieder ans Geldverdienen denken. Wie wird das gehen? Aber mir ist alles gleich, ich hab mein Kind und bin selig.

7. Okt.

Nun ist es fünf Wochen alt, fängt schon an, mich zu kennen. Wenn ich mit ihm spreche, sieht es mich verwundert mit seinen großen schönen Augen an. Alle behaupten, es wäre mir ähnlich. Morgens im Bad hat es Angst, klammert sich mit den Händchen an meinen Arm. Nachher ist es am schönsten, leuchtet nur so vor Gesundheit und roten Backen, wenn es wieder in der Wiege liegt mit seiner Flasche und einem Spitzenhäubchen. Manchmal muß ich so darüber lachen, dann macht es ein verdutztes Gesicht. – Es sollte nur mehr lachen, das ist so hinreißend. Aber es kommt mir viel zu ernst vor, und ich habe Angst, daß es ein melancholisches Kind wird durch meine viele Schwermut während der ganzen Zeit. Du Göttliches, ich will dir schon eine sonnige Kindheit schaffen und dir alles geben, was ich noch an Lebensfreude hab. Wenn die ganze Welt auch noch so gemein ist.

Die alte Lenbach besuchte uns, schlug ein Kreuz über mir und ihm. Die gute Alte ist völlig weg über das «Wunderkind». Mir kommt's ja auch vor, als ob mein Kind ein besonderes Wunder wäre.

10. Okt.

Ein langer stiller Sonntag, ganz allein mit dem Kleinen. Er hat mich so süß angelacht, als er in dem Bett lag und ich mit ihm spielte. Jede Bewegung ist für mich wie ein neues Wunder, ich bin ganz angefüllt von all dem kleinen Leben.

11. Okt.

Zum erstenmal aus. Wurde mir sehr schwer, den Kleinen für eine Stunde zu verlassen. Als ich wieder kam, fragte ich, ob er böse wäre, und er schüttelte langsam den Kopf. Frau Güttner und ich mußten sehr darüber lachen.

12. Okt.

Abends Metzger und Monsieur – sie waren auch alle voll Bewunderung wie ich selbst. Es machte die Augen weit auf und lachte und lallte förmliche Reden. Heut ist es sechs Wochen alt.

13. Okt.

Morgens in die Stadt, mochte wieder nicht fort. Aber draußen kam ich mir wie bei einem Triumphzug vor und hätte allen Leuten zurufen mögen: Ich hab ein Kind.

14. Okt.

Als ich heute aus der Stadt zurückkam, wickelte das greuliche Weib ihn. Ich hätte sie erschlagen mögen, kann's nicht leiden, wenn jemand Unsympathisches ihn anfaßt.

Morgen soll er fotografiert werden. Ich freu mich kindisch darauf, mich und ihn dafür schön zu machen.

15. Okt.

Anstrengender Nachmittag, den Kleinen still zu halten, ich fürchtete, seine Eleganz würde dabei hin werden. Ich hatte meinen weißen Schlafrock angezogen, um möglichst schöne Mutter zu sein. Von der besseren Profilseite fotografiert. Bubi schläft jetzt nach großer Anstrengung.

16. Okt.

Vormittags Standesamt, um ihn anzumelden. Soviel Glück in mir. Heute vor zwei Jahren die große Operation. Damals sagte man mir, ich würde nie ein Kind haben, und jetzt?

17. Okt.

Wieder ein Sonntag. Nachmittags mit dem Kleinen im Hof. Eine düstere Umgebung – dieser armselige Hof zwischen den Hinterhäusern mit armen Leuten.

Aber jetzt kommt es mir kaum mehr melancholisch vor. Gewöhnlich schläft es draußen, aber heut hat es die Augen weit auf- und zugemacht und um sich gesehen.

Die alten Weiber kommen und bewundern ihn, und ich bin sehr stolz auf mein Werk. Später halbe Stunde zu Güttners. Nachher förmlich Reue, ihn solange allein gelassen zu haben – er lag ruhig da und schaute mich an. Jeder Augenblick, wo ich ihn nicht bei mir habe, ist verloren und dumm.

28. Okt.

Die letzten Tage war das Bübchen nicht ganz wohl, weint manchmal die halbe Nacht. Ich war halb wahnsinnig bei dem Gedanken, er könnte krank werden. Nehme ihn aus seinem Kissen zu mir ins Bett, Gott, ist das ein süßes Gefühl, das kleine Wesen zu fühlen, wie es sich jammernd an mich drückt.

Doktor kommen lassen, natürlich fehlte ihm gar nichts.

Marcel Pagnol

Woher kommen die Babys?

Eine kleine Schwester war geboren, und zwar ausgerechnet, als wir beide bei Tante Rose waren, die uns für zwei Tage eingeladen hatte, um uns Lichtmeßkrapfen zu backen.

Diese Einladung hinderte mich, die tollkühne Behauptung meines Klassennachbarn Mangiapan richtigzustellen, der annahm, die Kinder kämen aus dem Nabel der Mutter heraus.

Die Vorstellung schien mir erst lächerlich, aber eines Abends, nach längerer Untersuchung meines Nabels, mußte ich zugeben, daß er wirklich die Form eines Knopfloches hatte, mit dem dazugehörigen Knopf in der Mitte. Ich schloß daraus, daß man ihn unter Umständen auf- und zuknöpfen könnte und daß Mangiapan die Wahrheit gesagt hatte.

Indessen fiel mir sofort ein, daß Männer keine Kinder bekommen; sie haben nur Söhne und Töchter, die Papa zu ihnen sagen, aber die Kinder kommen sicher von der Mutter, genau wie bei Hunden und Katzen. Also bewies mein Nabel gar nichts. Ganz im Gegenteil, seine Existenz auch bei Männern stellte Mangiapans Glaubwürdigkeit stark in Frage. Was sollte man nun glauben, was denken? Da gerade eine kleine Schwester geboren war, hieß es auf jeden Fall Augen und Ohren aufsperren, um das große Geheimnis zu ergründen.

Als wir von Tante Rose zurückkamen, machte ich rückblickend eine wichtige Entdeckung. Jetzt erst fiel mir auf, daß meine Mutter seit drei Monaten ihre Gestalt verändert hatte; sie ging mit zurückgebogener Brust wie ein Briefträger zu Weihnachten. Eines Abends hatte Paul mich mit besorgter Miene gefragt: «Was hat denn unsere Augustine unter der Schürze?» Ich wußte nicht, was ich ihm antworten sollte.

Wir fanden sie lächelnd, aber blaß und kraftlos im großen Bett wieder. Neben ihr in der Wiege ein kläglich schreiendes Geschöpf, das sein Gesicht verzog. Mangiapans Hypothese schien mir erwiesen, und ich küßte meine Mutter zärtlich, da ich mir vorstellte, wie sie gelitten hatte, als sie ihren Nabel aufknöpfen mußte.

Das kleine Wesen war uns erst fremd. Außerdem gab meine Mutter ihm die Brust, was mich abstieß und Paul erschreckte. Er sagte: «Sie ißt uns viermal am Tage auf.» Aber als die Kleine anfing, taumelnde Schritte zu machen und unverständliche Laute zu stammeln, fühlten wir uns ihr gegenüber stark und weise und nahmen sie endgültig in unsere Gemeinschaft auf.

Onkel Jules und Tante Rose kamen sonntags zu uns – und ich ging fast jeden Donnerstag mit Paul zum Essen zu ihnen.

Sie bewohnten eine schöne Wohnung mit Gasbeleuchtung in der Rue de Minimes; die Tante kochte auch mit Gas und hatte ein Dienstmädchen.

Eines Tages bemerkte ich mit Verwunderung, daß auch meine Tante anschwoll, und sofort schloß ich daraus, daß ein neues Nabelaufknöpfen bevorstand.

Diese Vermutung wurde bestätigt durch eine Unterhaltung zwischen meiner Mutter und Mademoiselle Guimard, von der ich einige Bruchstücke aufschnappte.

Während der Metzger in der Räucherkammer ein schönes Beefsteak für vier Sous abschnitt, sagte Mademoiselle Guimard besorgt: «Kinder von alten Leuten sind immer sehr zart . . .»

«Rose ist gerade dreißig», protestierte meine Mutter.

«Für das erste Kind ist das schon viel. Und vergessen Sie nicht, ihr Mann ist vierzig!»

«Achtunddreißig», sagte meine Mutter.

«Dreißig und achtunddreißig sind achtundsechzig!» sagte Mademoiselle Guimard. Und sie schüttelte nachdenklich den Kopf, als ahne sie nichts Gutes.

Eines Abends eröffnete Vater uns, daß Mama nicht nach Hause

komme, weil sie bei ihrer Schwester geblieben sei, «die sich nicht wohl fühle». Wir aßen alle vier schweigend unser Abendessen, dann half ich meinem Vater, die kleine Schwester ins Bett zu bringen.

Das war eine schwierige Unternehmung mit dem Topf und den Windeln und unserer ständigen Angst, die Kleine zu zerbrechen. Als ich meine Socken auszog, sagte ich zu Paul: «Jetzt knöpfen sie die Tante Rose gerade auf.»

Er las im Bett in seinen geliebten «Vernickelten Füßen» und antwortete nicht. Aber ich hatte beschlossen, ihn in die großen Mysterien einzuweihen, und fragte beharrlich weiter: «Weißt du, warum?» Er rührte sich genausowenig, und ich bemerkte, daß er eingeschlafen war.

Da nahm ich behutsam das Buch aus seinen Händen, streckte seine Knie gerade und blies die Lampe aus.

Am nächsten Tag, es war ein Donnerstag, sagte mein Vater zu uns: «Jetzt aber aufgestanden, wir gehen zu Tante Rose, und ich verspreche euch eine schöne Überraschung!»

«Deine Überraschung kenne ich schon.»

«Nanu? Und was weißt du davon?»

«Ich will es dir nicht verraten, aber du kannst dich darauf verlassen, daß ich alles weiß.»

Er lächelte, fragte aber nichts mehr.

Wir machten uns alle vier auf den Weg. Die kleine Schwester sah komisch aus in einem Kleidchen, das wir ihr verkehrt angezogen hatten; und wegen ihres Geschreis war es uns nicht gelungen, sie zu kämmen.

Ich war von schrecklicher Sorge gequält, wir würden «ein Kind alter Leute» zu sehen bekommen, wie Mademoiselle Guimard sich ausgedrückt hatte. Aber sie hatte nichts Genaues gesagt, außer daß es achtundsechzig Jahre alt sein würde. Ich stellte es mir ganz verkrüppelt vor, und sicher würde es weiße Haare haben, dazu einen langen weißen Bart wie mein Großvater; kleiner und feiner natürlich, einen Babybart. Das wäre nicht schön. Aber es könnte vielleicht sofort sprechen und uns erzählen, woher es kam. Das wäre interessant!

Ich wurde schwer enttäuscht.

Man führte uns in Tante Roses Zimmer, um sie zu umarmen. Sie sah vollkommen zugeknöpft aus, nur etwas blaß. Meine Mutter saß auf dem Bettrand, und zwischen den beiden lag ein Baby, ein Baby ohne Bart oder Schnurrbart. Es schlief friedlich und hatte ein dickes, pausbäckiges Gesichtchen unter einem Kranz von blonden Haaren.

«Da seht ihr euren Vetter!» sagte meine Mutter leise. Sie betrachteten ihn beide gerührt, begeistert, entzückt, mit so übertriebener Bewunderung – und auch Onkel Jules, der gerade hinzukam, war so rot vor Stolz –, daß Paul mich angewidert ins Eßzimmer zog, wo wir die vier Bananen verspeisten, die er im Vorbeigehen auf einer Kristallschale erspäht hatte.

Heilwig von der Mehden

Mein Baby ist natürlich das süßeste!

Es wird immer behauptet – und zwar von Leuten, die nichts davon verstehen –, daß junge Mütter nicht imstande seien, ihre eigenen Babys objektiv zu beurteilen. Natürlich können sie das doch, und man sollte ruhig ihrem Urteil trauen, wenn sie behaupten, ihr Baby wäre «objektiv gesehen, und nicht, weil es mein Kind ist», ein ausnehmend schönes Kind. In den meisten Fällen hat sogar die Säuglingsschwester in der Klinik gleich gesagt, ein so hübsches Baby bekäme sie selbst in ihrem doch babyreichen Dasein selten zu Gesicht. Nun muß man allerdings einschränkend zugeben, daß im Gegensatz zu den meisten Hebammen Säuglingsschwestern jungen Müttern gern etwas Liebes sagen, aber schließlich – so ganz aus der Luft greifen werden sie doch solche Behauptungen auch nicht!

In dem sicheren Gefühl, daß der eigene Säugling den anderen turmhoch überlegen ist, und in der glücklichen Stimmung, in der man sich in der Klinik zu befinden pflegt, ist man natürlich geneigt, auch anderen Müttern, deren Neugeborene freilich etwas weniger wundervoll sind, mit freundlichen, lobenden Worten Nettes zu sagen. Bei einem ziemlich verschrumpelten Baby etwa kann man die hübschen Haare rühmen, bei einem kläglich dünnen den ausgeprägten Gesichtsausdruck oder die zarten Händchen, und bei einem furchtbar dicken Schreihals die nachweislich sehr kräftige Stimme oder wenigstens die fabelhafte Trinkmenge. Schon deswegen sind jene Kliniken zu rühmen, in denen man die Mütter möglichst bald aufstehen und umhergehen läßt, weil sie auf diese Weise genug fachlich gebildetes und interessiertes Publikum finden, dem gegenüber sie auf bescheidene Art ihr Baby loben können. Wer sonst möchte etwa die ganze Bedeutung der Tatsache ermessen, daß das Kleine mit vier Tagen schon fünfzig Gramm mehr getrunken hat als zwei winzige Kollegen mit sechs Tagen? Und wo sonst wird man zur Autorität allein durch die Tatsache, daß man bereits andere Babys zu Schulkindern aufgezogen hat? Man spricht über Ärger mit dem Nabel, über Pickel, die bestimmt weggehen, über Luftbäder im Winter und über die unumstößliche Tatsache, daß sich Baden und Wickeln wirklich erlernen läßt und ein Baby nicht entzweigeht, wenn man es anfangs mit ungeübter Hand anfaßt, kurz: man findet ein aufmerksames Publikum.

Wenn sich in der Klinik die Säuglinge lediglich durch Schönheit, Trinkmenge und Stimme unterscheiden, so setzt doch ein paar Wochen später schon eine Art sportlicher Rivalität ein. Es gibt Mütter, die es tiefinnerlich schmerzt, auf der Straße einen Babyzimmergenossen ihres eigenen Sprößlings im Schmucke von nicht weniger als zwei Zähnchen zu erblicken, wenn das eigene Kind noch nichts dergleichen aufzuweisen hat. Wie ein abtastendes Gespräch mit der Mutter des nicht mehr Zahnlosen ergibt, spuckt dieser aber nach den Mahlzeiten, so daß sich die Mängel ausgleichen. Ein anderer wieder hebt seinen Kopf nach neugieriger Seehundsart auf dem Bauche liegend empor, obwohl er das nach dem klugen Babybuch erst viel später zu können braucht, und wieder ein anderer lacht fröhlich, ehe er nach allen medizinischen Erfahrungen eigentlich dazu imstande sein könnte. Es gehört natürlich angesichts solcher Überflieger im Säuglingsalter ein unerschütterlicher Glaube dazu, daß sich trotz allem kein einziges anderes Baby mit dem eigenen messen kann. Mögen andere auch wahre Sportskanonen mit einer Unmenge von Zähnen sein, unseres ist – objektiv gesehen – einfach das süßeste.

Als Mutter eines Säuglings schaut man sachkundig in jeden Kinderwagen, um das objektive Urteil auch durch Anschauung untermauern zu können. Manchmal bedauert man die armen Mütter, weil sie sich mit einem so wenig repräsentativen Baby zufriedengeben müssen, vor allem, wenn sie unseres sehen. Manchmal bedauert man aber auch die Kinder, die es unter Kunststoffdecken und Wollmützen, mit Milchsuppengesichtsfarbe und kleinen Hitzepickelchen nicht halb so gut haben wie unseres. Andere jedoch finden unseren Beifall. Man möchte sie direkt als Freundinnen oder Freunde unseres Babys für später vormerken. Natürlich ist man darauf bedacht, daß das eigene Kind auf andere Babymütter einen vorzüglichen Eindruck macht. Wenn es etwa soeben noch faul hingesunken in seinen Wagenkissen ruhte, so wird es jetzt aufrecht hingesetzt und sorgfältig abgestützt und ausbalanciert, so daß es ganz wie ein Baby wirkt, das bereits richtig sitzen kann, was – unter uns gesagt – ein bißchen Hochstapelei ist. Schade nur, daß Babys so wenig Sinn für Repräsentation haben. Garantiert sinken sie in solchen Augenblicken noch krummer zur Seite als sonst, schauen sie ihr Rässelchen nur aus großen Kulleraugen an, anstatt zielsicher danach zu greifen, und brüllen tun sie mit besonderer Vorliebe gerade in dem Augenblick, in dem wir versichern, daß sie eigentlich nie brüllen. Auch später sagen sie vor kritischem Publikum weder «dadada . . .» noch machen sie «Backe, backe, Kuchen» oder was der frühen Kunststücke mehr sind. Dadurch kommen dann die armen Mütter in den Verdacht, angegeben zu haben.

Zweierlei ist übrigens für den reibungslosen Umgang mit Müttern anderer Babys besonders wichtig: Stimmen Sie nie ein, wenn eine andere Mutter ihr Kind häßlich, faul, unfreundlich oder zu klein für sein Alter findet. Sie will nämlich von ihnen energischen Widerspruch hören und wäre über die Maßen verletzt und verwundert, wenn Sie zustimmten. Und zweitens: Babys sind die einzigen Menschen, die man älter schätzen muß, als man sie wirklich schätzt. Es ist eine schlimme Schande, für fünf Monate alt gehalten zu werden, wenn man schon über ein halbes Jahr alt ist.

KATHARINE WHITEHORN

Schlaf, Kindchen, schlaf ...

Politische Gefangene werden durch die alterprobte Technik, sie tage- und nächtelang wach zu halten, gefoltert. Das ist auch mit Müttern der Fall, nur schlägt der Säugling keinen Gong, sondern schreit bloß. Er schreit und schreit. Ich habe einmal gehört, dem wäre nicht so, wenn das Kind «psychologisch auf seine Mutter abgestimmt» würde. Unsinn. Welcher Psychiater wäre imstande, ein Baby «abzustimmen»? Die meisten Neugeborenen schlafen nachts noch nicht durch, und bis zu drei Monaten brüllen viele pausenlos zu einer ganz bestimmten Tageszeit, oft gegen Abend. Ob man es bequemer findet, sie aufzunehmen oder brüllen zu lassen, hängt von so verschiedenen Dingen ab wie dem Nervenzustand der Mutter, der Dicke der Wände und den Beschwerden der Nachbarn. Später *kann* man jedesmal rennen, wenn das Baby schreit; allerdings ist dann zu hoffen, daß man nicht mit einem von den Kindern gesegnet ist, die aus Müdigkeit weinen, sonst braucht die Mutter jemanden, der angerannt kommt, wenn *sie* weint. Als die Füttern-auf-Verlangen-Theorie propagiert wurde, ging man davon aus, der Säugling schaffe sich seinen Stundenplan selbst. Man predigte das den Müttern, den Kliniken und der Presse, dummerweise aber den Säuglingen nicht, und so gibt es immer noch einige, die sich nicht an diese Regeln halten.

Eine einzige Nacht in der Woche durchschlafen, kann alles wiedergutmachen – also lasse man den Vater das Kind aufnehmen oder gehe heim zur eigenen Mama. Wenn man nach einer Unterbrechung nicht mehr einschlafen kann – und das gilt ebenso für Krankheiten bei älteren Kindern –, nimmt man am besten eine halbe Schlaftablette – das Geschrei überhört man deswegen nicht. Wer das Verlangen hat, ein wimmerndes Kleinkind zu sich ins Bett zu nehmen, soll das ruhig tun; die Lehrbücher sind zwar dagegen, aber die meisten Leute tun es trotzdem. Seltenst wird dabei ein Kind totgedrückt, höchstens wenn Mutter und Kind betrunken sind. Bei einem älteren Kind ist man besser dran, wenn man sich in sein Schicksal ergibt, nach einem warmen Schlafrock greift und um fünf Uhr morgens mit ihm Schnippschnapp spielt, statt im Nachthemd zu frieren und immer wieder zu sagen: «Jetzt ist alles wieder gut, nicht wahr?» *Eine* Nacht bringt einen auch nicht um.

Könnte man den Sprößling nur gleich nach dem Frühstück wieder ins Bett stopfen, dann wäre das alles weit weniger mühsam. Denn meist ist man ja schon am Morgen total erledigt. Und das Kind möglicherweise auch. Die lieben Freunde werden zwar sagen, es müsse abends später zu Bett gebracht werden, dann werde es morgens länger schlafen. Aber es kann natürlich auch umgekehrt sein: das Kind mag vor lauter Müdigkeit nicht ins Bett. «Baden Sie Ihr Kind mit Worten», steht in einem Lehrbuch, und manche Worte, mit denen ich meinen Sohn gebadet habe, hätten die Seife zum Erröten gebracht. Wenn das Kind lange Hosen oder Strumpfhosen trägt, braucht man es nicht unbedingt vor dem Zubettgehen zu baden. Manchmal geht es nachmittags besser. Ist es bis zu den Augenbrauen verschmiert, bereitet es wonnevolles Vergnügen, das ganze Kind mit allem, was es anhat, ins Wasser zu tauchen – ungefähr das gleiche triumphale Gefühl, wie wenn man eine Zigarette in einem Spiegelei ausdrückt.

Wir fanden es ungeheuer lebenswichtig, mit dem Aperitif zu beginnen, *bevor* die Kinder ins Bett mußten, und sie noch eine Weile spielen zu lassen, *nachdem* wir aus dem Zimmer gegangen waren. Als sie die Zeit noch nicht ablesen konnten, stellten wir immer einen Küchenwecker: Sie durften spielen, bis er läutete.

Merkt man, daß Kinder dem Babysitter spätere Schlafenszeiten angeben, als das der Wahrheit entspricht, sollte man sich zweimal überlegen, sie zu korrigieren. Ein bißchen Mogelei versöhnt sie vielleicht damit, daß ausgerechnet heute die Mutter ausgehen will. Aber werden sie dann morgen nicht todmüde sein? Bestimmt, aber man selber auch, wenn die Party ein Erfolg war.

Auf die Dauer hängt die Zahl der Stunden, die man durchschlafen kann, nicht davon ab, wie lange die Kinder schlafen, sondern davon, wie lange sie ruhig in ihrem Bett oder in ihrem Zimmer bleiben, nachdem sie aufgewacht sind. Man braucht Plüschtiere, Bilderbücher, Spielzeug, Zwieback und – ein Schloß an der eigenen Schlafzimmertür. In diesem Zusammenhang heißt es immer, man könne ein Pferd zwar zur Tränke führen, es jedoch nicht zum Trinken zwingen, und das ist wahr. Aber man kann es immerhin am Trog festbinden, sich davonschleichen und sich in Ruhe ein Gläschen genehmigen.

Heidi Roth

Dem Zweitgeborenen

Mein Herr, eben habe ich dich wieder ins Bett zurückgelegt. Der Bruder schlief, derweil du, zum Spielen aufgelegt, großen Durst vorschütztest. In der Babysprache natürlich. Deutlicher gesagt: mit großem Gebrüll. Nach kaum zwei Zügen lachtest du wieder, sagtest «bwabwa» in erstaunlicher Stimmbruchlage und bliebst, ganz entgegen deinen sonstigen Gewohnheiten, still und sanft in meinem Arm liegen, spieltest wieder mit meinen Händen wie früher, vor Monaten, als du noch ein winziges Lieni-Männlein warst, dem man die Energie von heute wenig ansah. Seltsam, daß du noch weißt, was ein Kind tut, um die Eltern zu rühren. Wenig fehlte, und ich hätte geschnurrt wie die Katze auf der Ofenbank. Hintendrein denke ich, du seist heute vielleicht ein wenig zu kurz gekommen, der Tag habe sich zu sehr dem größeren Bruder verschrieben. Jetzt haben wir das Zwiegespräch nachgeholt.

Zwiegespräch muß sein. Darum wird ja vor dem zweiten Kind und seinen Folgen allseits so gewarnt. Essenz aller Warnungen: laßt über der Freude am Neugeborenen die Rechte des Erstlings nicht aus den Augen. Das richtet sich hauptsächlich an die Mütter (Väter sehen da klarer). Aber hat schon je jemand gesagt, man müsse einem zweitgeborenen Kind helfen, sich seinen Platz zu erobern? Es stimmt doch: ein Kind, das neu dazukommt, macht aus dem Zwiegespräch Mutter-Kind ein Triegespräch Mutter-Kind-Kind. Das ist gar nicht so einfach. Und wenn der Erstgeborene dazu ein Charmeur ist, so hat es der Nachkömmling nicht halb so leicht.

Es ist einfach nicht wahr, daß die Kleinsten immer die Verwöhntesten sind. Du, jedenfalls, mein Kleinsohn, bist es nicht. Der große Bruder mit seinem erheblichen «Aktionsradius», den wilden Ideen, den ersten ernsthaften Gesprächen, tut alles, um die Aufmerksamkeit aller auf sich zu lenken. Das heißt, er braucht sich gar nicht zu bemühen darum, es geschieht von selber. Er ist auch daran gewöhnt. Wie haben wir auf sein erstes Lächeln gewartet, auf den ersten Zahn, den ersten Schritt, das erste Wort, die ersten Selbständigkeiten! Alles war eine Sensation, das Kind selber das Zentrum aller Freude. Jede noch so schöne Wiederholung läßt die Spannung des ersten Mals vermissen. Und weil nun das Leben des großen Bruders weiter sich entwickelt, weil nun die ersten Freunde in seinen Alltag kommen, weil er sich an Dinge zu erinnern beginnt und abends im Bett davon erzählt, weil er selber zu fragen beginnt, wahrnimmt, sieht, hört – darum ist er immer noch die Sensation. Was du tust, bleibt Kopie. Anders gefärbt, gewiß. Aber in der Anlage doch gleich.

Als ich dich vorhin im Arm hielt und du kleines Baby spieltest, dachte ich, ich hätte deine Winzigkeit, deine ersten hilflosen Monate nicht richtig ausgekostet. Einen Augenblick wollte es mir leid tun. Aber Kinder kommen ja auf die Welt, um größer zu werden und nicht um ihre Mütter durch ihre Hilflosigkeit, durch die Winzigkeit ihrer Fingerlein und dadurch, daß nicht nur die Fingernägelein, sondern auch jedes kleinste Härlein auf den Händlein bereits mitgeboren wird, zu rühren. Es hat auch nichts damit zu tun, daß du deinem Bruder auf dem Fuß folgtest und dich nicht darum kümmertest, was die Inserate sagen von «verantwortungsvollem Familien-Planning». Du bist viel zu klein, um das jetzt zu verstehen. Aber ich will es für dich und deinen Bruder aufschreiben: Ich finde vermessen, was man heute als «natürlich» propagiert. Man soll nicht mehr Kinder haben als für Gesundheit, Finanzen, Lebensumstände tragbar ist, das steht fest. Aber daß man sich hinsetzen mag, mit dem Budget in der einen, dem Kreuzchenkalender in der andern Hand, und ausrechnen, welcher Monat für ein Kind der günstigste sei, daß man Kinder aus Wohnungs-, Geld-, Freiheits-, Ferienrücksichten «verschiebt», scheint mir fragwürdig. Und wenn man dann, nach vielem Nachdenken, sein Kind «bestellt» – und wenn es dann ein Mädchen ist, oder kein Mädchen, wie gewünscht – und wenn es dann vielleicht nicht normal ist oder krank wird – muß man sich dann nicht sagen, der Bestelltermin sei ungünstig gewesen und es sei die Strafe dafür, daß man Vorsehung, Zufall spielen wollte?

Ob du das, was sich in deinem Leben so ergibt, Vorsehung oder Zufall nennen wirst, mußt du selber mit dir abmachen. Es wäre schlimm, wenn du dich für den Zufall entscheiden solltest. Ich glaube nicht, daß du zufällig unser Zweiter bist und nicht der Erste (hätte ja auch sein können, nicht?). Christian könnte im Augenblick der Verwöhntere sein. Der Stärkere bist du. Weil du jetzt schon lernen mußt, manchmal mit dir allein zu sein, manchmal dich anzupassen. Du hast mehr Ruhe als ein Erstgeborener, bist die gespannte Neugier los, die Christian überwachte, 24 Stunden jeden Tag. Man erwartet weniger von dir, du wirst frei, zu geben und zu behalten, bist dadurch reicher. – Herr Kleinsohn, verzeih, wenn es in deiner Familie manchmal ungerecht zuzugehen scheint. Es ist nicht ungerecht.

Und langsam verstehe ich meine Mutter. Sie sagte nie, was wahrscheinlich jedes Kind gerne hören möchte: daß sie mich am liebsten habe. Sie sagte nur: jedes Kind ist anders als das andere. Und in seiner Art ist mir jedes das liebste.

Phyllis Theroux

Mutterliebe

Sie hieß Mrs. Krupsaw, wie ich später erfuhr. Als ich sie das erste Mal sah – eine winzige Frau mit gehetzten Augen, die in Gummischlappen die Straße entlangrannte –, war sie vor Angst ganz außer sich. Dort, wo ich mit meinen zwei Krabbelkindern und den Spielsachen auf dem Bürgersteig stand, kam sie zum Stehen. «Mein Sohn», flüsterte sie heiser. «Ich habe meinen Sohn verloren. Ich habe ihn nur eine Minute auf der Veranda allein gelassen, und dann . . .»

Es war unerträglich, dieses Entsetzen mit anzusehen. «Wir werden ihn schon finden», antwortete ich rasch, ähnlich rasch, wie ein Chirurg einen Tubus in den Hals eines würgenden Opfers schiebt. Ich packte meine Kinder, warf sie auf den Rücksitz des Wagens und schob Mrs. Krupsaw auf den Beifahrersitz. Als ich losfuhr, warf ich einen Blick auf meine Uhr. Es war halb vier. Um diese Zeit wimmelte es nur so von Kindern, die von der Schule nach Hause strömten.

Bevor wir die Ecke erreicht hatten, wußte ich, daß Teddy Krupsaw braune Haare und braune Augen hatte und das einzige Kind aus einer in die Brüche gegangenen Ehe war. Nachdem ich um die Ecke gebogen war und beschleunigte, erfuhr ich, daß noch etwas anderes nicht stimmte.

«Wie alt ist er denn?» fragte ich.

«Zwölf», antwortete sie.

Instinktiv trat ich auf die Bremse. Da ich neu in dieser Gegend war, wußte ich nicht, daß Mrs. Krupsaw ihr Kind jeden Tag, den Gott gab, verlor . . .

Dieser Vorfall ereignete sich vor fast zwölf Jahren. Teddy Krupsaw, das wehrlose Opfer einer Mutterliebe, die ihn wie eine Flutwelle überrollte, ist jetzt ein erwachsener Mann – mehr oder minder. Er geht mit leicht nach vorne hängenden Schultern, als würde er noch immer seine Mutter und deren Ängste hinter sich herschleppen. Die meiste Zeit ist seine Stirn gerunzelt. An sich würde ich Mrs. Krupsaw am liebsten heftig verurteilen. Aber Selbsterkenntnis hindert mich daran. Denn auch meine Mutterliebe ist nicht von schlechten Eltern.

Ich weiß nicht mehr, wann mir klar wurde, daß ich mehr als eine ganz normal fürsorgliche Mutter war. Es kam mir auf einmal so vor, als verbrächte ich mehr Zeit als die meisten Mütter damit, meine Kinder auf dem Spielplatz zu suchen, wenn sie nicht ganz pünktlich nach Hause kamen. Jedem Babysitter hinterließ ich eine oder mehrere Telefonnummern, unter denen ich sicher zu erreichen war. Eine zweitägige Reise lohnte sich fast nicht angesichts des organisatorischen Aufwands, den ich betrieb. Es könnte ja irgend etwas passieren – und dann käme ich nicht schnell genug nach Hause. Ich wache noch heute aus dem Mittagsschlaf auf und mache Bestandesaufnahme: «Wo sind sie?» lautet stets meine erste bewußte Frage. Ein Teil von mir, der stolze Teil, klopfte mir anerkennend auf die Schulter, weil ich so gewissenhaft war. Aber ich mußte lernen, daß Mutterliebe eine kompliziertere Angelegenheit war.

Natürlich könnte man argumentieren (und das tat ich auch), daß es sich bei dem Wunsch, beim Aufwachen sofort zu wissen, wo sämtliche Kinder sind, schlicht und einfach um die instinktive Reaktion einer Mutter handelt, die eingedöst ist, während sie auf Wachposten stand. Jede Mutter möchte die Gewißheit haben, daß ihre Kinder in Sicherheit sind, oder etwa nicht? Die Antwort, die ich mir selbst immer auf diese Frage gab, lautete: «Aber natürlich.»

Aber der Trick des Elternseins wie auch das Leben allgemein besteht darin, sich zu vergewissern, daß man die richtigen, beziehungsweise die entscheidenden Fragen stellt. Im Laufe der Zeit konnte ich nicht umhin festzustellen, daß meine Fähigkeit, meinen Kindern ganz selbstverständlich zu vertrauen, nicht Schritt hielt mit ihrer Fähigkeit, ein unabhängigeres Leben zu führen.

Wenn es abends auf halb sechs Uhr zugeht und der Zehnjährige noch nicht aus dem Park zurück ist, denkt eine Mutter, «verdammt noch mal, jetzt kommt er schon wieder zu spät», und holt eine Backmischung aus dem Schrank, um einen Kuchen zum Nachtisch zu machen. Ich hingegen war schon den halben Hügel zum unübersichtlichen Spielplatz hingelaufen, um meinen Sohn oder meine Tochter, so Gott wollte, an meinen schützenden Busen zurückzuholen. Mein Brustkorb hatte sich wie bei Mrs. Krupsaw so völlig um die Herzen meiner Kinder geschlossen, daß ich, wenn ich nicht genau wußte, wo sie waren, auch nicht wußte, wo ich war. Die Folgen waren entsetzlich.

Es wäre nicht richtig zu behaupten, daß ich mich bei anderen Leuten hinter den Vorhang hockte, wenn meine Kinder dort zu einer Geburtstagsfeier eingeladen waren. Wenn ich mit Sicherheit wußte, daß sie sich in der Obhut eines verantwortungsbewußten Erwachsenen befanden, war ich nicht nur dankbar dafür, in meiner Rolle als Wachhund abgelöst zu werden, ich hoffte sogar, daß man mir meine Kinder nicht allzubald wieder zurückbringen würde. Nur wenn ich wußte, daß ich für meine Kinder verantwortlich war, daß sie und die Gesellschaft mir Nachlässigkeit vorwerfen würden, sollte ihnen irgend etwas zustoßen, dann trübte die Angst mein Urteilsvermögen.

Sollte man einem Siebenjährigen erlauben, in den Supermarkt um die Ecke zu gehen, einer Zehnjährigen, mit dem Rad über eine große Kreuzung zu ihrer Freundin zu fahren, einem Zwölfjährigen, mit dem Bus (ohne Umsteigen) ins Stadtzentrum zu fahren? Ich sagte fast immer nein, und wenn ich ja sagte, dann wartete ich voller Besorgnis auf die Rückkehr des betreffenden Kindes, um wieder Gewißheit zu haben.

In den ersten Jahren meines Daseins als Mutter, als meine größte Sorge der äußeren Sicherheit meiner Kinder galt, waren meine Ängste gerechtfertigt. Niemand war der Ansicht, ich sei so neurotisch wie etwa Mrs. Krupsaw. Aber andere Mütter waren offenbar sorgloser, und ich beneidete sie um diese innere Freiheit. Ich brachte es nicht fertig, meine Kinder einfach so dem Schicksal zu überlassen.

Freilich muß man zwischen vernünftigen und unvernünftigen Risiken unterscheiden. Die Welt ist voller schrecklicher Leute und Situationen, um die sich Eltern Sorgen machen müssen, und niemand braucht mich darauf hinzuweisen, daß man seine Kinder im Auge behalten muß, wenn man zum Beispiel am Meer ist. Aber wo ein Übermaß an Mutterliebe herrscht, büßen wir unsere Fähigkeit ein, zwischen tatsächlichen und eingebildeten Gefahren zu unterscheiden. Alles erscheint uns zu riskant. Wir wagen es nicht, unsere Rolle als Wachhund aufzugeben. Und doch muß Mutterliebe, wenn sie auf die Dauer eine gesunde Stütze für ein Kind darstellen und nicht zu einer erstickenden Kletterpflanze werden soll, jedes Jahr mehr Unbekannte in die mathematische Gleichung einbringen. Ansonsten können unsere Kinder nicht im positiven Sinne erwachsen werden. Und wenn wir selbst einen tiefergehenden, solideren Zustand des Erwachsenseins erreichen wollen, haben wir gar keine andere Wahl.

Ich wohne in einer Stadt, in der es offenbar besonders viele Männer gibt, die mit ihrem Beruf verheiratet sind. Man bezeichnet sie gelegentlich als «Workaholics». Auch wenn diese Männer und manchmal auch Frauen ihr Engagement auf verschiedene Weise rechtfertigen – etwa damit, daß sie die Welt retten oder ihren Familien ein angenehmes Leben ermöglichen –, sind sie im Grunde unfähig, sich von ihrer Arbeit zu trennen.

Ebenso ist eine Frau mit zuviel Mutterliebe unfähig, sich von ihrer Arbeit zu trennen. Letzten Endes tanzen ihr die Kinder auf der Nase herum – ein unnatürlicher Zustand. Sie will oder kann nicht loslassen.

Ich bin zu der Überzeugung gelangt, daß die Angst, von seinen Kindern verlassen zu werden, teilweise für das Übermaß an Mutterliebe verantwortlich ist. Kinder rechtfertigen unser Dasein, bestimmen unsere Grenzen, vermehren unsere Verpflichtungen, belohnen uns mit ihren Fortschritten. Wer wären wir ohne sie? Das war die Frage, die zu stellen ich lange Zeit nicht den Mut aufbrachte.

Wenn Kinder großziehen so etwas ist wie ein Job, dann bedeutet, sie zu verlieren, arbeitslos zu werden. Ich meine damit nicht einfach nur den physischen Verlust. Wie oft habe ich mich dabei ertappt, daß ich versucht habe, einem meiner Kinder zu gefallen, es versöhnlich zu stimmen und mich bei ihm einzuschmeicheln! Es vergeht kaum eine Woche, in der ich mir nicht die Beine ausreiße, um meinen Kindern ein Lächeln zu entlocken.

Schließlich kommen auch noch Schuldgefühle hinzu, die der Mutterliebe monströse Züge verleihen können. Vor allem geschiedenen Elternteilen passiert es leicht, daß sie Schuldgefühle in übertriebene Fürsorge umsetzen. Es ist ein tückischer Vorgang: Wir wollen unsere mangelnde Perfektheit in der Vergangenheit durch «Superperfektion» in der Gegenwart wettmachen. Unsere Perfektion soll unsere Kinder vor Schaden bewahren.

Beim Nachdenken über die Mutterliebe fällt mir meine Großmutter ein. Sie war eine Frau mit einem derartigen Glückenverhalten, daß mein Vater, kaum war er achtzehn, als einfacher Matrose auf einem in den Orient auslaufenden Dampfer anheuerte, nur um von ihr wegzukommen. Doch als er eines Tages einen Eimer Schmutzwasser übers Deck trug, hörte er den Funker, der die Verbindung mit dem Land aufrechterhielt, sagen: «Es geht ihm gut, Mrs. Grissim. Ich kann ihn von hier aus sehen.»

Meine Großmutter, die sich auch durch die Weite des Pazifischen Ozeans nicht beirren ließ, hatte in der Stadt, in der sie wohnte, einen Amateurfunker ausfindig gemacht, dem sie als Gegenleistung dafür, daß er regelmäßig Kontakt mit dem Schiff aufnahm, jeden Nachmittag ein paar Sandwiches brachte. Meiner Großmutter konnte niemand entrinnen.

Ich möchte nicht wie meine Großmutter werden, wenngleich die Schwierigkeit, meine Gedanken, mein Herz und die anderen Organe von denen meiner Kinder zu lösen, mich zu der Frage veranlaßt, ob mein Problem nicht angeboren ist. Andererseits, wenn ein Kind an gebrochenem Herzen leidet, spüren wir dann nicht vor lauter Mitgefühl Risse in unserem eigenen Herzen? Doch. Aber es wird mir in zunehmendem Maß bewußt, daß das Leben meiner Kinder weiter reicht als meine Fähigkeit, darüber zu wachen. Wenn Kinder auf die Welt kommen, stehen sie völlig unter unserer Obhut, doch wenn aus ihnen eines Tages unabhängige Menschen werden sollen, müssen wir sie loslassen.

Wie das geht, ist eine andere Geschichte, an der in dieser Familie noch geschrieben wird. Ich habe, zumindest teilweise, gelernt, meiner wilde Blüten treibenden Phantasie Zügel anzulegen, ohne gänzlich die Fähigkeit einzubüßen, fundierte Urteile zu fällen. Ich lerne langsam zu akzeptieren, daß meine Kinder nicht an mich gebunden sind, sondern an das Leben. Doch erst vor kurzem schaute mich mein dreizehnjähriger Sohn nachdenklich an und meinte: «Ist es dir eigentlich jemals komisch vorgekommen, daß ich mal ein Teil von dir war und daß ich jetzt von dir getrennt bin und wir miteinander sprechen?»

In der Tat ist mir dieser Gedanke schon gekommen, zumindest der, daß er einmal ein Teil von mir war. «Ja, durchaus», antwortete ich und kraulte ihn dabei unter dem Kinn. «Und du sprichst nicht nur mit mir, sondern du widersprichst mir sogar manchmal.» Mein Sohn fand das ungeheuer lustig und lachte lauthals. Das unermeßliche Wunder, das darin lag, seiner eigenen Mutter zu widersprechen, war ihm bisher noch gar nicht aufgegangen.

KHALIL GIBRAN

Deine Kinder

Deine Kinder sind nicht deine Kinder. Sie sind die Söhne und Töchter der Sehnsucht des Lebens nach sich selbst.

Sie kommen durch dich, aber nicht von dir, und obwohl sie bei dir sind, gehören sie dir nicht.

Du kannst ihnen deine Liebe geben, aber nicht deine Gedanken, denn sie haben ihre eigenen Gedanken.

Du kannst ihrem Körper ein Heim geben, aber nicht ihrer Seele, denn ihre Seele wohnt im Haus von morgen, das du nicht besuchen kannst, nicht einmal in deinen Träumen.

Du kannst versuchen, ihnen gleich zu sein, aber suche nicht, sie dir gleich zu machen.

Denn das Leben geht nicht rückwärts und verweilt nicht beim Gestern.

Du bist der Bogen, von dem deine Kinder als lebende Pfeile ausgeschickt werden . . .

Laß deine Bogenrundung in der Hand des Schützen Freude bedeuten.

Gebrüder Grimm

Die ungleichen Kinder Evas

Als Adam und Eva aus dem Paradies vertrieben waren, so mußten sie auf unfruchtbarer Erde sich ein Haus bauen und im Schweiße ihres Angesichts ihr Brot essen. Adam hackte das Feld, und Eva spann Wolle. Eva brachte jedes Jahr ein Kind zur Welt, die Kinder waren aber ungleich, einige schön, andere häßlich.

Nachdem eine geraume Zeit verlaufen war, sendete Gott einen Engel an die beiden und ließ ihnen entbieten, daß er kommen und ihren Haushalt schauen wollte. Eva, freudig, daß der Herr so gnädig war, säuberte emsig ihr Haus, schmückte es mit Blumen und streute Binsen auf den Estrich. Dann holte sie ihre Kinder herbei, aber nur die schönen. Sie wusch und badete sie, kämmte ihnen die Haare, legte ihnen neugewaschene Hemden an und ermahnte sie, in der Gegenwart des Herrn sich anständig und züchtig zu betragen. Sie sollten sich vor ihm sittig neigen, die Hand darbieten und auf seine Fragen bescheiden und verständig antworten. Die häßlichen Kinder aber sollten sich nicht sehen lassen. Das eine verbarg sie unter das Heu, das andere unter das Dach, das dritte in das Stroh, das vierte in den Ofen, das fünfte in den Keller, das sechste unter eine Kufe, das siebente unter das Weinfaß, das achte unter ihren alten Pelz, das neunte und zehnte unter das Tuch, aus dem sie ihnen Kleider zu machen pflegte, und das elfte und zwölfte unter das Leder, aus dem sie ihnen Schuhe zuschnitt.

Eben war sie fertig geworden, als es an die Haustüre klopfte. Adam blickte durch eine Spalte und sah, daß es der Herr war. Ehrerbietig öffnete er, und der himmlische Vater trat ein. Da standen die schönen Kinder in der Reihe, neigten sich, boten ihm die

Hände dar und knieten nieder. Der Herr aber fing an, sie zu segnen, legte auf den ersten seine Hände und sprach: «du sollst ein gewaltiger König werden», ebenso zu dem zweiten: «du ein Fürst», zu dem dritten: «du ein Graf», zu dem vierten: «du ein Ritter», zu dem fünften: «du ein Edelmann», zu dem sechsten: «du ein Bürger», zum siebenten: «du ein Kaufmann», zu dem achten: «du ein gelehrter Mann.» Er erteilte ihnen also allen seinen reichen Segen. Als Eva sah, daß der Herr so mild und gnädig war, dachte sie: «ich will meine ungestalten Kinder herbeiholen, vielleicht daß er ihnen auch seinen Segen gibt.» Sie lief also und holte sie aus dem Heu, Stroh, Ofen, und wo sie sonst hin versteckt waren, hervor. Da kam die ganze grobe, schmutzige, grindige und rußige Schar. Der Herr lächelte, betrachtete sie alle und sprach: «auch diese will ich segnen.» Er legte auf den ersten die Hände und sprach zu ihm: «du sollst werden ein Bauer», zu dem zweiten: «du ein Fischer», zu dem dritten: «du ein Schmied», zu dem vierten: «du ein Lohgerber», zu dem fünften: «du ein Weber», zu dem sechsten: «du ein Schuhmacher», zu dem siebenten: «du ein Schneider», zu dem achten: «du ein Töpfer», zu dem neunten: «du ein Karrenführer», zu dem zehnten: «du ein Schiffer», zu dem elften: «du ein Bote», zu dem zwölften: «du ein Hausknecht dein Lebelang.»

Als Eva das alles mitangehört hatte, sagte sie: «Herr, wie teilst du deinen Segen so ungleich! Es sind doch alle meine Kinder, die ich geboren habe: deine Gnade sollte über alle gleich ergehen.» Gott aber erwiderte. «Eva, das verstehst du nicht. Mir gebührt und ist not, daß ich die ganze Welt mit deinen Kindern versehe: wenn sie alle Fürsten und Herren wären, wer sollte Korn bauen, dreschen, mahlen und backen? Wer schmieden, weben, zimmern, bauen, graben, schneiden und nähen? Jeder soll seinen Stand vertreten, daß einer den andern erhalte, und alle ernährt werden wie am Leib die Glieder.»

Da antwortete Eva: «Ach, Herr, vergib, ich war zu rasch, daß ich dir einredete. Dein göttlicher Wille geschehe auch an meinen Kindern.»

Nicht für die Schule,
für das Leben
lernen wir …

KATHARINE WHITEHORN

Nicht für das Leben, für die Schule lernen wir

Was die Schule anbetrifft, so gibt es fünferlei Veranlassungen, sich Sorgen zu machen:

1. Wenn das Kind die Schule haßt, stimmt irgend etwas nicht.
2. Wenn das Kind die Schule liebt, wird es nicht genug zum Arbeiten angehalten.
3. Wenn der Lehrer den Eltern sagt, sie brauchten sich keine Sorgen zu machen.
4. Wenn sich der Lehrer offenbar zu wenig Sorgen macht.
5. Wenn man das Gefühl hat, sich Sorgen machen zu müssen.

In all diesen Fällen muß man sich mit den Lehrern herumschlagen, deren Standpunkt in der Maxime gipfelt: Wer auch immer Kinder haben mag, Eltern sollten es gewiß nicht sein. Für Erwachsene mit normalem Verantwortungsgefühl ist es ein Stoß vor den Kopf, plötzlich auf Menschen zu treffen, in deren Augen man die einzige Ursache allen Ungemachs ist. Wir alle haben ja von der eigenen Schulzeit her noch einen Angstkater.

Ich teile die Ansicht meines Vaters (der übrigens Lehrer war), daß der Hauptzweck der Schule darin besteht, sie von der Straße fernzuhalten. Die Lehrer natürlich. Schade ist nur, daß die meisten Lehrer gute Schüler den schlechten vorziehen.

In einer kalifornischen Schule erklärte man den Lehrern, gewisse – völlig willkürlich ausgesuchte – Kinder seien begabter als andere. Zwei Jahre später waren diese Kinder tatsächlich die besten Schüler. Wenn wir wünschen, daß unsere Kinder später zur Freude und zum Unterhalt unseres Alters beitragen, müssen wir sie jetzt ihren Lehrern schmackhaft machen.

Übereifrige Einmischung allerdings ist auch von Übel. Der Lehrer fühlt sich dann in seiner Ehre gekränkt. Läßt man durchblicken, daß das Kind nicht genügend lernt, steht man sofort als die ehrgeizige Mutter da, die aus ihrem kleinen Dummkopf einen Gelehrten machen möchte, obwohl er besser hinter dem Pflug herginge. Aber wie eine Mutter, gegen die dieser Vorwurf erhoben wurde, scharf bemerkte: «Wenn Ehrgeiz, Leistung und akademisches Wissen so verpönt sind, dann nimmt mich doch wunder, wie die Lehrer zu ihrem Beruf gekommen sind.»

Abgesehen davon, daß man sich einem Lehrer nie in ganz nüchternem Zustand nähern sollte (von wegen des Angstkaters), habe ich mir von erfahrenen Eltern die folgenden Ratschläge geben lassen:

1. Man bringe alles in Form einer Frage vor – das ist weniger verletzend: «Glauben Sie nicht, daß Erika zuviel Handarbeiten machen muß?» ist zartfühlender als die unumwundene Feststellung: «Sie lernt überhaupt nichts.»
2. Man fange sofort mit dem an, was der Lehrer vorbringen wird – dadurch ist er gezwungen, sich's zweimal zu überlegen. «Ich weiß, mein Kind kann nicht rechnen ... schreibt schlecht ... hört nie zu, was man sagt.»
3. Wenn man findet, das Kind brauche Nachhilfeunterricht oder eine psychotherapeutische Behandlung, sollte man der Schule davon keine Kenntnis geben, bevor man zur Tat schreitet. Sonst begeht man den gleichen Fehler wie der Kranke, der seinem Arzt von einem phantastischen Gesundbeter erzählt.
4. Katastrophal wirkt es sich aus, wenn man sagt, Lenchen habe, bevor sie in diese Klasse gekommen sei, tolle Geistesgaben entwickelt, sei allen Gleichaltrigen voraus oder überdurchschnittlich gewesen, jetzt aber zurückgeblieben und in allem unterdurchschnittlich. Woran könne das wohl liegen? Man erreicht mehr, wenn man statt dessen sagt: «Es ist wirklich erstaunlich, was Sie bei Lenchen ausgerichtet haben. Bevor sie in Ihre Klasse kam, war sie zurückgeblieben und faul, und jetzt ist sie überdurchschnittlich. Die Frage ist nur, was könnten wir tun, damit sie versetzt wird?»

5. Wenn man einen wichtigen Lehrer persönlich kennt, kann man eine Menge Informationen bekommen. Es ist auch nicht gesetzlich verboten, ihn zum Essen einzuladen. Nur darf man ihm nicht ins Handwerk pfuschen. Denn er weiß es stets besser. Vor allem aber bedenke man: Wer sonst nimmt uns die Kinder jeden Tag stundenlang ab?

Eva-Maria Harden

Meine Mutter möchte manchmal die Welt verändern . . .

«Mami, ich mußte einen Aufsatz über dich schreiben und habe eine gute Note bekommen.»

Uli, zwölf und des Deutschlehrers Aushängeschild, überreicht mir sein Heft. Ich lese:

Meine Mutter
Meine Mutter ist eher eine größere Frau. Das Gesicht hat einige Falten, doch es kann auch jugendhaft wirken. Ihre braungrünen Augen können sanft blicken, aber auch böse funkeln. Über ihre vollen Lippen kann Lustiges kommen, aber wenn sie wütend ist, können genauso kränkende Worte ihnen entfallen. Ihre schulterlangen grau-braunen Haare sind weich und geschmeidig. Ihr Körper ist nicht dick, aber auch nicht zu schlank. Eben, genau richtig. Ihre kräftigen Arme haben mich selten geschlagen. Ihre Hände sind rauh, doch können sie gut trösten. Alles in allem ist sie sicher eine große, kräftige, hübsche Frau.

Sie liebt alles Schöne und Saubere und natürlich ihre Familie. Meine Mutter möchte immer gerecht sein, ich glaube, das ist sicher ein guter Zug von ihr. Sie hätte es gern, wenn mein Bruder und ich nicht immer streiten würden. Sie schätzt sehr, daß wir uns gut benehmen, daß das Haus sauber ist. Pünktlichkeit ist ebenfalls eine Tugend von ihr. Sie haßt es, wenn man frech zu ihr ist, wenn man unfreundlich, ja sogar schlecht gelaunt ist.

Ich glaube, meine Mutter möchte manchmal die Welt verändern. Na ja, wer will das nicht. Wenn meine Mutter schlecht gelaunt ist, könnte sie die Welt in die Luft sprengen. Sie liebt es, am

Abend eine gute Flasche Wein zu trinken, denn am Abend möchte sie sich gern erholen. Zusammengefaßt ist sie eine ruhige, sanfte Person, aber wenn sie wütend ist, dann ist sie wütend.

Ja, so ist meine Mutter.

Na, da hatte ich mich nun schwarz auf weiß! «Eine gute, lebendige Schilderung», hatte der Lehrer daruntergeschrieben.

Lachend ging ich noch mal Punkt für Punkt durch. Nicht schlecht beobachtet. Allerdings konnte ich mich nicht erinnern, meine (alles andere als starken) Arme für die gelegentlichen Klapse gebraucht zu haben. Außerdem nahm ich mir vor, mit meinem Friseur, der mir die beschriebenen grauen Strähnen als blonde verkauft hatte, ein ernstes Wort zu sprechen und vermehrt Handcreme zu benutzen. Bei der gepriesenen Pünktlichkeit legte mein Mann ein leises Veto ein, und ich begann nachzurechnen, wie oft ich in letzter Zeit ausgerufen hatte: «Also heute könnte ich mal wieder alles in die Luft sprengen! Das ist ein Tag . . .»

Wer kennt sie nicht, diese Tage. Es beginnt am Morgen damit, daß man den Kaffeefilter umstößt und sich das heiße, breiige Zeug dekorativ in der halben Küche verteilt. Die Hände voll nassen Kaffeepulvers, öffnet man fluchend die Haustür, weil ausgerechnet in diesem Augenblick der Briefträger eine Unterschrift braucht, während das Telefon Sturm läutet und eins der Kinder heulend etwas sucht, was es am Abend vorher («Mami, ich weiß es ganz bestimmt!») dort – und nur dort – hingelegt haben will.

Hat man das braune Zeug endlich mittels einer Rolle Küchenpapier und zwölf Lappen weggeputzt, die Familie mit Tee oder Pulverkaffee abgespeist und aus dem Haus und will sich endlich auch was Heißes von innen gönnen, klingelt bestimmt wieder das Telefon. Man erfährt, daß ein Sohn beim Arzt abzuholen sei, weil er sich auf dem Schulweg den Fuß verstaucht hat, oder daß der Göttergatte die Brille, ein Aktenstück oder sonst etwas Lebenswichtiges vergessen hat, das man ihm sofort nachbringen sollte.

Nur an einem solchen Tag beschließt die Waschmaschine, ihren Geist aufzugeben, oder man stellt beim Öffnen derselben fest, daß die Familie von nun an in himmelblauer oder rosaroter Wäsche zu leben gezwungen ist. Jeder, aber auch jeder hat sich vorgenommen, heute mal wieder bei uns anzurufen, die Hausierer geben sich die Klinke in die Hand, der Schlosser muß herbei, weil die Tür zufällt, wenn man ohne Schlüssel zum Briefkasten läuft, und hat man mit Mühe und Not etwas einigermaßen Eßbares auf den Tisch gebracht, erwartet unangemeldeter Durchreisebesuch («wir wollten nur mal schauen, wie es euch so geht»), daß man ihm jubelnd in die Arme sinkt.

Am Abend eines solchen Tages, an dem man neben dem Ärger über die sich wegen des Besuches ganz und gar blöde produzierenden Kinder («entschuldigt, aber so kenne ich sie gar nicht») noch den bereits dreimal verschobenen Zahnarztbesuch, eine Stadtbesichtigung und ein opulentes Abendessen für die endlich im Hotel verschwundenen Gäste hinter sich gebracht hat, steht man heulend vor Bergen ungewaschenen Geschirrs, weil man wieder vergaß, Pulver für die Maschine zu besorgen, und überlegt, ob genügend Schlaftabletten im Hause sind, damit man den nächsten Morgen nicht mehr erleben muß.

«. . . meine Mutter möchte manchmal die Welt verändern», schreibt Uli sehr treffend in seinem Aufsatz. An einem solchen Tag – bestimmt!

Inge Helm

Bildung tut not

Es gab mal eine Zeit, da gehörten wir doch tatsächlich zu den sagenhaft rückständigen Eltern, die ihren Nachwuchs nicht fernsehen ließen. Bald hinkten unsere drei dem allgemein fortschreitenden Bildungsstand in ihren Kreisen hoffnungslos hinterher. Alle ihre Freunde wußten, warum die Wäsche blütenweiß und kuschelig weich war und warum sie so frühlingsfrisch duftete. Die kannten auch die irre komischen Geschichten von Dick und Doof und die herrlich brutalen Western.

Wie konnten wir nur!

Unsere Kinder mußten deshalb, wollten sie im Freundeskreis bestehen, entweder so tun als ob oder ehrlich zugeben, was für dämliche, altmodische Eltern sie hatten. Man konnte die Sache drehen und wenden, wie man wollte, es war beides äußerst beschämend. Und Bücher lesen mußten sie auch, die armen. Nicht etwa die mit den kleinen hübschen und bunten Bildchen und den spannenden Sprechblasen, die zum Beispiel Christophs besten Freund veranlaßten, eine zu Boden gehende Vase mit «schepper, schepper, klirr» zu kommentieren. Nein, sie mußten welche lesen, die ordentlich von links nach rechts gedruckt waren. Das war pure Schikane von uns, denn einen Sinn sahen sie darin nicht.

Es kam auch niemand mehr zu uns spielen. Unsere Kinder spielten lieber bei den anderen. Als Corinna dann eines Tages, während ich Wäsche wusch, ein Stück davon in die Hand nahm und ernsthaft behauptete: «Dieser Beha wurde schon zwanzigmal in der Waschmaschine gewaschen und ist immer noch elastisch», da fanden wir es an der Zeit, uns anzupassen. Wir kapitulierten notgedrungen, denn ich wollte wenigstens, wenn schon Fernsehen, dann selbst entscheiden, was die Gören sahen.

Und so hielten endlich das Werbefernsehen, Dick und Doof, die Western und morgens bereits die Sesamstraße triumphalen Einzug in unser Wohnzimmer.

Bald ging es mir genausogut wie den anderen Müttern. Ich hatte wieder Zeit für eigene Interessen, denn unser Haus wurde lange nicht mehr so schmutzig. Meine Kinder spielten jetzt nicht mehr so viel draußen, sie saßen lieber stundenlang vor dem Fernsehapparat, und einmal vor dem Kasten zur Salzsäure erstarrt, würden sie nicht einmal eine mitten unter ihnen gezündete Bombe wahrnehmen. Sie aßen auch viel mehr, selbst Dinge, die sie eigentlich gar nicht mochten. Man brauchte sie ihnen nur hinzustellen, und sie stopften alles unbesehen in sich hinein, ohne einen Blick vom Fernsehschirm zu wenden. Sie hatten ja so viel nachzuholen!

Als die beiden Ältesten eines Tages eine Brille brauchten, lag das selbstverständlich nicht am vielen Fernsehen, sondern war eine Frage der miesen Erbanlagen, die wir Eltern mit in die Ehe gebracht hatten. Heute weiß ich nicht mehr, wie ich früher ohne die verwünschte Flimmerkiste die Kinder beschäftigt habe. Manchmal setze ich mich sogar nachmittags dazu, soviel Freizeit steht mir nun zur Verfügung.

Und so erleben wir auch gemeinsam die Aufklärung über Fortpflanzung. Sie schneit uns in Form eines entzückenden Tierbeitrags über den Bildschirm ins Haus.

Bis dahin sind Christoph, Corinna und Vio gut mit dem Wissen über die Runden gekommen, daß der Klapperstorch die Babys *nicht bringt*, nun erfahren sie, daß er sie auch *nicht macht!*

Der Film beginnt mit Blümchen und Bienchen, und meine drei machen lange Gesichter: Ist ja langweilig, das haben sie schon tausendmal im eigenen Garten gesehen. Dann werden zwei Pelikane gezeigt, die miteinander schnäbeln.

«Sie beißen sich», entscheidet Vio.

«Nee», weiß Corinna aus dem Biologieunterricht, «die küssen sich.»

Dann läßt sich plötzlich der eine Pelikan auf dem anderen nieder, und der untere verdreht beängstigend den Hals, biegt den Kopf nach hinten, und sie schnäbeln eifrig weiter.

Meint Christoph geringschätzig: «Mann, solche Fiesematenten für'n Kuß!» Seit längerem küßt *er* nämlich nicht mehr und läßt sich auch nicht, schon gar nicht von weiblichen Mitgliedern der Familie.

Sein Vater sagt, das legt sich wieder.

Auf dem Bildschirm schreitet die Aufklärung zügig voran. Wir sind jetzt auf einem Bauernhof bei Schweinen und Kühen. Die Kinder sehen langsam interessierter zu.

«Wieso wissen die, wie man das macht?» fragt Corinna.

«Ach», antworte ich, «das sagt ihnen eben ihr Instinkt.»

«Ja», meldet sich Viola, «Instinkt bei Tieren ist so was wie 'ne angeborene Gebrauchsanweisung.»

Außerdem weiß sie auch, wie es die Fliegen praktizieren. «Da legt sich eine Fliege auf den Rücken und die andere oben drauf.»

«Und die Menschen», fragt Corinna weiter, «machen die das auch so?»

«Ja, sicher.»

«Sag bloß», staunt sie, «habt ihr auch, du und Papi?»

Ich nicke etwas hilflos, und Christoph ruft entsetzt: «Waas, und das auch noch dreimal!»

Jetzt frage ich mich ernsthaft, wie unsere Mütter, Großmütter, Urgroßmütter und so weiter die Aufklärung gehandhabt haben – so ganz ohne Fernsehen!

Um den verdammten Fernseher nicht kaputtschlagen zu müssen, haben wir gemeinsam folgende Regelung getroffen: Alles, was unter ein Meter fünfzig ist, muß bis zwanzig Uhr im Bett liegen. Alle sind einverstanden, denn soo klein ist ja wohl keiner.

Es wird das Zentimetermaß geholt und gemessen und gemessen. Leider bleibt es dabei, keines der Kinder übersteigt die ausgemachte Marke, sie können es nicht fassen. Eine Hundsgemeinheit ist das, und Christoph schimpft: «Typisch, ihr wußtet das natürlich schon vorher, und wozu haben wir nun das Jahr des Kindes, he?»

Sicher nicht dazu, daß Kinder unbegrenzt fernsehen dürfen, denke ich mir.

Aber heute ist Freitag, und morgen können wir alle ausschlafen. Im Abendprogramm gibt es einen himmlischen amerikanischen Schluchzfilm. Wir vergessen die Einmeterfünfzig und versammeln uns alle vor der Flimmerkiste. Ganz nebenbei hat der Vater den Kindern noch eine Sehenswürdigkeit versprochen, nämlich eine Sturzbäche heulende Mutter. «Da könnt ihr mal sehen, was allen unter einsfünfzig so erspart bleibt.»

Das stört den Nachwuchs nicht im geringsten. Sie schleppen fürsorglich ganze Berge von Papiertaschentüchern an und bauen sie um mich auf. Dann wollen wir es uns gemütlich machen. Ich hole noch schnell etwas zum Knabbern aus dem Schrank, das rundet die Sache erst so richtig ab.

Nun besteht ja jede normale Sitzgarnitur aus Couch und zwei Sesseln. Das Sofa ist Elternstammplatz, in einem Sessel hat Christoph es sich bequem gemacht, und um den zweiten wird noch hart gekämpft. Ich biete einen gemütlichen Gartenstuhl an, doch Corinna besteht als Ältere auf dem Sessel, was Vio unheimlich erbost. «Denk ja nicht, daß du die Bestimmerin sein kannst, bloß weil du schon einen Beha hast!» brüllt sie.

Wir sagen den Spruch vom «Klügeren» auf, doch lieber dumm und Sessel als klug und Gartenstuhl ist die Devise. Es fließen bereits Tränen – dabei hat der Film noch gar nicht begonnen –, und ich verteile *meine* Taschentücher.

Ein Glück, daß wenigstens die Dackel bereit sind, auf ihrem Hundesessel gemeinsam zu liegen!

Als keine Einigung zu erzielen ist, schicke ich die beiden Schreihälse völlig entnervt nach oben ins Bett. Heulend ziehen sie ab.

Aber wenn wir glauben, daß jetzt der gemütliche Teil des Abends beginnt, dann haben wir weit gefehlt. Der Film läuft, wird immer rührseliger, aber mir kommen nur die Tränen wegen des permanenten Gebrülls von oben. Immer wieder stehe ich kurz vor der Kapitulation und will die beiden Nervensägen herunterrufen, denn schließlich können sie ja nichts dafür, daß wir unverständlicherweise drei Kinder in die Welt gesetzt haben, wo doch jeder weiß, daß eine Garnitur nur zwei Sessel hat, doch ihr Vater verbietet mir einfach handgreiflich den Mund. Mir bricht fast das Herz, und ich überlege krampfhaft, mit welchen phantastischen Geschenken ich meine kleinen Töchter wieder fröhlich stimmen kann, da ertönt die Schlußmelodie des Films und Corinnas Stimme: «Du Vio, wir können aufhören zu heulen, der Film ist zu Ende!»

Henri Verneuil

Anderssein

«Welche Schule ist die beste in Marseille?»

Diese Frage hatte meine Mutter wohl zwanzig Mal in unserem Viertel gestellt – und in ihrem *rrr* klang der ganze Orient mit. Madame Delmas, Besitzerin der «Lebensmittel Delmas», hatte wie aus der Pistole geschossen geantwortet: «Das Institut Mélizan.» Der Apotheker bestätigte es, voll des Lobes; unsere Bäckersfrau hatte die Arme erhoben, was soviel heißen sollte wie: «Was Besseres gibt's nicht», und eine Nachbarin, deren Mann im Rathaus angestellt war, hatte schlüssig gefolgert:

«Bedenken Sie doch nur, Madame, die Sowieso-Söhne, die Kinder von X, der Neffe von Madame Y, die Enkel von Z ... sie alle gehen in diese Schule.»

Während das Namensverzeichnis der gehobeneren Gesellschaftsschicht Marseilles achtunggebietend vorbeidefilierte, träumte meine Mutter von einer illustren Zukunft für ihren Sohn, in Gesellschaft dieser Sprößlinge der Prominenz.

Doch eine Warnung glaubten alle aussprechen zu müssen: «Billig wird's nicht sein.»

Durch eine seltsame Fügung bewohnten wir ein armseliges Zimmer in einer Straße, die den Namen «Paradis» trug, und die Schule lag in der Rue Fortunée, was «wohlhabend» bedeutete.

Die einhellige Bewunderung für diese Schule beruhte ganz sicherlich auf dem ausgezeichneten Unterricht, doch ließ auch ihre geographische Lage gewisse Rückschlüsse zu. Die Rue Paradis mit ihren fünfhundert Hausnummern war eine der längsten Straßen Marseilles. Die zweite Hälfte dieser Straße, die nach Saint-

Giniez führte, galt als vornehmes Villenviertel, wo die Honoratioren der Stadt wohnten. Daß die Privatschule, an der auch Religionsunterricht stattfand, in dieser Umgebung lag, erklärte daher, aus welcher Gesellschaftsschicht die Schüler stammten.

Wir wohnten in dem am wenigsten noblen Teil der Straße, der jedoch vom Abglanz seiner aristokratischen Verlängerung profitierte.

Madame Delmas hatte uns versprochen, sich nach den Kosten dieser Schule für Kinder reicher Eltern zu erkundigen, und zwar über eine Kundin, deren Mann oder Schwager irgend jemandem irgendwas lieferte, aber jedenfalls Freunde hatte, deren Sohn usw., usw . . .

Trotz dieser verschlungenen Umwege verkündete sie uns sehr bald den für ein Trimester zu entrichtenden Betrag, den wir so dringend hatten wissen wollen.

Die Zahl sagte mir überhaupt nichts, doch die plötzliche Blässe meiner Mutter verriet mir, daß wir wohl sehr hoch gegriffen hatten.

An diesem Tag wurde beim Abendessen nur über diese Schule geredet, die die großen Männer der Zukunft heranbildete, da ja schließlich die berühmtesten Namen der Stadt durch ihre Söhne dort vertreten waren. In der allgemeinen Begeisterung hatten wir vergessen, daß Erfolg nicht erblich ist.

Von Geld wurde überhaupt nicht gesprochen. Zumindest nicht bis zu dem Augenblick, da man mich darauf hinwies, es sei Zeit, schlafen zu gehen.

Dann erst trat der Familienrat zusammen. Hinter meinem Paravent spitzte ich zwar die Ohren, doch rings um den Tisch wurde getuschelt, und nur wenn einer von ihnen etwas lauter sprach, schnappte ich einen Satzfetzen auf.

Behutsam schob ich mich bis zu den beweglichen Flügeln des Paravents vor, die mich am Hören hinderten, und hielt mein Ohr an einen Spalt zwischen den Rahmen. Tante Anna erbot sich, in einer Fabrik zu arbeiten, um mit ihrem Lohn die monatlichen Einkünfte aufzubessern; Tante Kayaneh glaubte sich in der Lage, die Zahl der Hemden zu verdoppeln, wenn man eine Nähmaschine liehe; meine Mutter Mairig meinte, nach zwei Jahren müßte man doch eine kleine Lohnerhöhung fordern können . . . Lange, bis tief in die Nacht, wurde geredet. Dann trat großes Schweigen ein . . . danach kam wieder die Stimme meines Vaters:

«Nein, es gibt keine andere Lösung . . .»

Der Rest verlor sich in dumpfem Stimmengewirr, denn mein Vater kehrte meinem Horchposten den Rücken zu und sprach betont leise. Es war ein sehr kurzer Satz gewesen, und ich kam zu dem Schluß, daß ich wohl doch nicht in diese Schule der großen Männer gehen würde.

Bei dem Versuch, dieses kaum hörbare Gemurmel zu verstehen, hatte ich mein Ohr so fest an den Rahmen gepreßt, daß der ganze Paravent ins Wanken geriet und polternd umstürzte. Da kniete ich vor aller Augen auf der Matratze, der Lächerlichkeit preisgegeben.

Meine Mutter eilte mir zu Hilfe und bewahrte mich zumindest vor der Scham: «Du mußt aufs Örtchen? . . . Geh nur!»

Ich ergriff diesen Rettungsanker und trottete hinaus auf den Treppenabsatz zu dem gewissen Örtchen, wo ich absolut nichts zu tun hatte. Nach einer zur Rechtfertigung dieses sinnlosen Weges mir angemessen erscheinenden Frist kehrte ich gesenkten Hauptes ins Zimmer zurück. Mein Vater faßte mich um die Schultern, sah mich lange an und sagte nur:

«Du wirst in diese Schule gehen.»

Ich wußte zwar nicht, durch welches Wunder alle Geldprobleme plötzlich gelöst worden waren, doch träumte ich in jener Nacht noch lange mit weit aufgerissenen Augen von dieser Hochburg des Wissens, die offenbar ein Geschenk des Himmels war. Wir hatten keine Ahnung, daß es in Frankreich auch sehr gute Schulen gab, in denen der Unterricht kostenlos war, und daß ganz in unserer Nähe ein prachtvolles Gymnasium stand.

Meine großen Ferien verstrichen im Garten des Justizpalastes, wo Tante Anna mich jeden Nachmittag «wegen der Luftveränderung» hinbrachte.

Sobald die Uhr auf dem Justizpalast fünf schlug, verließen wir unsere Bank, nahmen aber nicht den direkten Weg nach Hause, sondern schlenderten – und zwar täglich – durch die Rue Fortunée, um einen Augenblick vor den geschlossenen Gittern des «Institut Mélizan» zu verharren.

Es war ein mehrgeschossiges, von der Straße durch eine lange Allee entferntes Gebäude mit einem Hof, der meines Erachtens für die Pause diente, denn an beiden Enden standen Pfosten für Fußballtore.

Wie von allen Schulen in den Ferienmonaten, ging auch von meinem schülerlosen zukünftigen Gymnasium große Traurigkeit aus. Doch meine Beklemmung hatte andere Ursachen. Würde man mich akzeptieren in diesem Marseiller Eliteclub, der, wie mir schien, doch Kindern einer anderen Schicht vorbehalten war?

Ich wußte nicht einmal, was mein Vater in der Zuckerraffinerie Saint-Louis genau tat, und meine Mutter war Heimarbeiterin, Hemdenschneiderin. Mit diesen Titeln war so ohne weiteres kein Staat zu machen.

Auf dem Heimweg erträumte ich mir nachsichtiges Wohlwollen, als meinem kindlichen Verstand plötzlich die Erleuchtung kam: Tante Anna würde zu dem Herrn Direktor sagen: «Sie müssen wissen, Monsieur, auch wir haben bessere Zeiten gekannt.»

Eines Morgens, zu einer Zeit, da meine Mutter für gewöhnlich die Hemden bügelte, die spät in der Nacht erst fertig geworden waren, nahm sie das für Besuche und seltene Ausgänge reservierte Kleid vom Bügel.

Meine Mutter Mairig kleidete sich würdig, in Grautönen, um nicht aufzufallen.

Als wir schließlich sonntäglich ausstaffiert waren, verkündete Mairig mir, einen Ausflug zum Warenhaus «Belle Jardinière» zu machen, wo ich für mein zukünftiges Gymnasium würdig ausgestattet werden sollte. Meine Mutter bat Tante Anna, uns zu begleiten, weil sie auf ihren fachmännischen Rat in bezug auf die Qualität meines neuen Anzugs nicht verzichten wollte.

Die Kinderabteilung nahm ein ganzes Stockwerk ein, wo wir uns zwischen den in endlosen Reihen dicht an dicht auf Bügeln hängenden Kleidungsstücken nur in schmalen Gängen hindurchpirschen konnten. Tante Anna befühlte die Stoffe, auf der Suche nach «reiner Wolle», und meine Mutter drehte die an einem Faden am Ärmel baumelnden Preisschilder herum. Merkwürdigerweise blieben sie nie vor denselben Stücken stehen wie ich.

Mit gedämpfter Stimme wurde beratschlagt, und nach mehrmaligem Hin und Her fiel ihre Wahl auf einen Anzug mit Kniebundhosen im sogenannten «Golfstil». Schüchtern wandte ich ein, daß ich in der Schule noch nie ein Kind in einem solchen Anzug gesehen hatte. Da für ihre Wahl aber der Schutz meiner Knie vor winterlicher Kälte ausschlaggebend war, ließen sie nicht mit sich reden. Für den Sonntag wurde mir eine zusätzliche kurze Hose aus demselben Stoff zugestanden, doch mit dem Hinweis, in der «Mädchenabteilung» wolle man anschließend noch ein Paar Wollstrümpfe erstehen, damit ich «etwas über den Beinen» hätte.

Eine einzige Hoffnung blieb mir, wie das Unheil abgewendet werden könnte: Man müßte das Paket am Ende des Rundgangs einfach vergessen. Mein Mantel war eine Pracht: ein Zweireiher mit Gürtelspange im Rücken, schottische Wolle in einem dezenten grauen Glencheckmuster. Ein wenig zu lang war er allerdings für meinen Geschmack, doch bei meinen Spaziergängen in trauter Zweisamkeit mit Tante Anna würde ich schon Gelegenheit haben, sie zu bitten, ihn mir um rund zehn Zentimeter zu kürzen.

Gekauft wurde noch ein sehr schöner Pullover, der sich bei Expeditionen in die Antarktis bestens bewährt hätte, sowie ein Paar schwarze, spitz zulaufende Stiefeletten mit Ledersohle.

Als wir, beladen mit unseren Kartons, die auf allen Seiten die Insignien des Geschäfts trugen, durch die Drehtür ins Freie traten, fühlte ich mich merkwürdig elend. In diesem Augenblick stieß Tante Anna einen spitzen Schrei aus: «Mein Gott, wir haben die Strümpfe vergessen!»

Die Türflügel wirbelten uns wieder hinein, in Richtung «Mädchenabteilung».

Das vage Unbehagen, das ich beim Gedanken an meine zukünftige Eleganz verspürte, war nicht nur auf das Bestreben meiner zwei Mütter zurückzuführen, mich warm anzuziehen. Letztlich hätte ich ja von Fall zu Fall, wenn es um die Außentemperatur ging, ihrem «Daß er sich nur nicht erkältet!» ein «Aber nein, es ist sehr mild» entgegensetzen können.

Mein Unbehagen entsprang einem seltsamen, unbestimmbaren Gefühl, das eher eine Intuition, eine mysteriöse Vorahnung war: Ich würde durch meinen Anzug von den anderen abstechen!

Noch heute, nach all diesen Jahren, sehe ich mich vor dem Spiegel des Geschäfts stehen, der mir mein Bild zurückwarf: ein nagelneuer Anzug, Stiefeletten, trostlos herabhängende Arme. Der Verkäufer wirbelte um mich herum, sprudelte die üblichen Lobhudeleien hervor, und die Gesichter von Mairig und Tante Anna strahlten vor Stolz.

Und weil dies alles mit so unendlich vielen Opfern erkauft worden war und ich die beiden nicht enttäuschen wollte, hatte ich mit breitem Lächeln gesagt:

«Sehr schön!»

Doch nur allzugern hätte ich diese Staffage von Meisterhand eingetauscht gegen eine Schuluniform mit Goldknöpfen, die, für alle obligatorisch und für alle gleich, ungeachtet der gesellschaftlichen Klassenzugehörigkeit, mich von meinen Hemmungen befreit hätte.

Bereits in den ersten Stunden nach Schulbeginn wurde mir klar, daß ich nur halb «angenommen» wurde und noch lange die Last meines «Andersseins» zu tragen haben würde. Sie waren gerechtfertigt gewesen, meine Befürchtungen in der «Belle Jardinière»: Ich stach durch meine Kleidung von den anderen ab.

Um mich auf das Niveau meiner künftigen Mitschüler zu heben, hatte man mich mit erstklassiger Wolle, Stoff und Leder herausstaffiert, doch dieser Eleganz haftete das Odium der Anmaßung an. Meine Kameraden in Baumwolle, Nagelschuhen und herunterrutschenden Socken konnten sich die Dreistigkeit erlauben, «vernachlässigt» auszusehen, denn das tat ihrem gesellschaftlichen Rang keinen Abbruch. Ich wurde mit einem Pfeifkonzert begrüßt, was zweierlei, nämlich Ironie und Bewunderung, besagte, doch ich ließ es lachend über mich ergehen und nahm die Pose einer unbeweglich dastehenden Schaufensterpuppe ein.

Die erste halbe Stunde verlief in fröhlicher Ausgelassenheit. Die Lehrmittel wurden verteilt. Es gab Hefte, Bleistifte, Radiergummis und Federhalter, und unsere nagelneuen Bücher rochen noch nach Druckerschwärze.

Mademoiselle Pozzoli erkämpfte sich Ruhe, indem sie klatschend mit dem Lineal auf das Pult hieb, und begann mit dem Aufrufen der Schüler. Angeführt von Robert, Henri, Paul oder François, defilierten lauter bewährte französische Familiennamen, bis unsere Lehrerin, den regelmäßigen Rhythmus der Namensfolge unterbrechend, sich etwas länger in ihre Liste vertiefte. In diesem kaum merklichen Intervall wurde mir bewußt, daß jetzt ich an der Reihe war.

«Aschot Malakian.»

Das *sch* meines Vornamens hatte sie wie *sk* ausgesprochen. Schüchtern, damit dieser Irrtum mich nicht das ganze Jahr über verfolgte, hatte ich dem *sch* zwar wieder zu seinem Recht verholfen, doch schon schwoll Gemurmel, Glucksen und Kichern zu fröhlichem Gelächter an. Aus allen Reihen schossen die Spitznamen hervor; die Kalauer der Spötter entsprachen dem Niveau von uns Achtjährigen, und so wandelte sich Aschot in «Ach Gott», «Ascot», «Aschenpott». Doch dann verstummte das Gelächter und Geschrei schlagartig, und absolutes Stillschweigen trat ein. Die gedrungene Gestalt Monsieur Mélizans stand vor uns, die Hände auf dem Rücken verschränkt. Mit einem Ruck standen alle Schüler auf. Mademoiselle Pozzoli errötete leicht.

Die ausweichenden Blicke sichtlich genießend, drohte unser Direktor der gesamten Klasse bei einem Rückfall mit allgemeinem Nachsitzen am freien Donnerstag. Als er die Tür schloß, herrschte erneut Ruhe, und der Appell konnte fortgesetzt werden.

Während wieder ein französischer Name auf den andern folgte, sann ich über meinen schönen Vornamen nach, der in meiner Heimat jeden an unseren berühmten König Aschot erinnerte.

Doch an diesem Morgen wäre mir ein Louis oder Henri, selbst ohne Kennzahl, weitaus lieber gewesen.

Um zwölf Uhr holte meine Mutter mich ab.

Da der externe Schulbesuch natürlich weniger kostspielig war als das Halb-Internat, war vereinbart worden, daß ich nur ausnahmsweise, bei sehr starkem Regen, in der Schule auch zu Mittag essen würde.

Als ich das Gebäude verließ, bemerkte ich, daß ich der einzige Externe war. Ich war auch der einzige Ausländer, der einzige, der anders gekleidet war als die anderen, der einzige Nicht-Katholik, der einzige, der die Fußballregeln nicht kannte ... Lauter «einzige», die sich zu Einsamkeit zusammenfügten.

Auf dem Heimweg stellte meine Mutter mir tausenderlei Fragen über diesen ersten Vormittag. Tausenderlei Lügen mußte ich erfinden, um meine Mitschüler in reizende Kameraden und unsere Klasse in ein Modell geistiger Bruderschaft zu verwandeln.

Wie man mit Einsamkeit umging, das wußte ich seit meiner ersten Schule, aber unfähig war ich, der Trauer auf dem Gesicht meiner Mutter, den gesenkten Köpfen meiner zwei Tanten und der Pein meines gebeugten Vaters, der sich schon wieder auf den Weg zur Fabrik machte, standzuhalten. Daher habe ich während der ganzen fünf Jahre, die ich in diese Schule ging, gelogen. Um in ihren Augen Zukunftsträume zu sehen, erzählte ich ihnen Geschichten von einer Gegenwart voller wechselseitiger Freundschaft und Achtung, die keinen Zweifel ließen an meiner Integration in die «High-Society».

Es ist so leicht, Menschen zu täuschen, die sich an Hoffnungen klammern. Im Grau ihres Alltags, der sich bis weit in die Nacht erstreckte, wurden meine Berichte zu festlichen Augenblicken. Sie hielten ihre Nadeln an und lauschten mit strahlenden Gesichtern meinem mit tausend Details verschönerten Feuilleton, in dem meine Schule zur Wiege künftiger Erfolge wurde.

Und ich wußte, daß all diese von meiner Phantasie ausgeschmückten Berichte meinem Vater, sobald er im Morgengrauen heimkehrte, wortgetreu wiedergegeben würden.

Heilwig von der Mehden

Wie erziehe ich richtig?

Im Gegensatz zu unseren guten Eltern und gar Großeltern sind wir gewissermaßen sehr bewußte Pädagogen. Wir verlassen uns nicht auf unseren mehr oder weniger kümmerlichen Instinkt, sondern sind ständig bereit, aus Büchern und Zeitschriften herauszustudieren, was unseren Kleinen nutzt und frommt, auf daß sie zu nützlichen und glücklichen Gliedern der menschlichen Gesellschaft werden. Manchmal aber möchte man fast verzweifeln: Die Ratschläge und Anweisungen sind ganz einleuchtend und auch sehr vernünftig, nur leider sind ganz offenbar unsere Kinder falsch eingerichtet, und – wie ich glücklicherweise überall feststellen kann – nicht nur unsere. Um etwa ein Beispiel zu wählen: Bekanntlich sollen Kinder abends im Bett keine Bonbons mehr essen, und genauso bekannt ist die Tatsache, daß alle Kinder eben dies anstreben. Den klugen Büchern nach muß man nun ruhig, aber bestimmt die Erklärung von den schönen weißen Zähnchen, die ganz, ganz schlecht werden, abgeben und auf morgen früh verweisen. Da in den klugen Büchern der Fortlauf der Handlung nie weiter beschrieben wird, ist anzunehmen, daß sie hiermit abgeschlossen ist und daß also das kleine Kind sich voller Stolz auf seine schönen, weißen Zähnchen schlafen legt. Aber ach, die mißratenen Kleinen, mit denen ich umgehe, pflegen nach der schönen Erklärung finster entschlossen zu sagen: «Ich will aber doch ein Bonbon!» und die ganze Karies-Argumentation prallt völlig wirkungslos an ihnen ab. Für die Diskussion, die sich dann anschließt, brauchte man dringend auch ein paar gute Ratschläge. Da diese aber völlig fehlen, gleitet die Pädagogik in ihrem Verlauf hoffnungslos in altmodische Methoden ab und endet etwa in der vorsintflutlichen Drohung: «Wenn ich noch einmal das Wort ‹Bonbon› von dir heute abend höre, dann setzt es was!»

Mit den vernünftigen Erklärungen, die an die Einsicht des Kindes appellieren, hat man, entgegen der Ansicht aller pädagogischen Ratgeber, überhaupt nicht so viel Glück. Die gar nicht vorschriftsmäßig reagierenden Kinder hören sie voller Spannung wie eine schöne Geschichte an und bestehen dann weiterhin eisern darauf, sich mitten im Februar mit einem weißen Piquéblüschen ohne Pullover im Kindergarten zu zeigen. Die erklärende Mutter findet sich schließlich beim Vortrag eines Dramas mit verteilten Rollen: «Und dann sagt der Doktor: ‹Warum hatte dies Kind keinen Pullover an?› und dann sagt die Krankenschwester zu den anderen kranken Kindern . . .», was wirklich einen Stein rühren würde und sehr viel Anteilnahme erregt, aber nicht die geringste Bereitschaft, nach dem Pullover zu greifen. Irgend etwas läuft hier offenbar falsch, und ich vermisse dringend Anweisungen, wie man sich denn jenen Kindern gegenüber verhalten soll, die gelegentlich so ganz unvorschriftsmäßig reagieren.

Auch die so dringlich geforderte Aufklärung hat ihre Tücken. Es steht immer nur zu lesen, wie Vater oder Mutter in behutsamer, aber dennoch sachlicher und deutlicher Form jeweils dem Alter des Kindes angemessen der Wißbegierde der jungen Generation Rechnung tragen sollen. Was aber tut der moderne Pädagoge mit einem Sprößling, der der Frage, wo denn die kleinen Kinder herkommen, so recht kein Interesse abgewinnen kann, dessen Augen, während all der schönen, behutsamen Worte, gelangweilt durch das Zimmer schweifen und der als einzige Frage die stellt: «Hast du nicht irgendwo den Schlüssel zu meinem Fernlenkboot gesehen?» Man klärt ihn sorgfältig auf, aber er vergißt es genauso total wieder, wie er die Nebenarme seines Heimatflusses und die verschiedenen Nutzpflanzen im Schulgarten vergißt.

Finsterstes Mittelalter ist es, wenn man seine Kinder anbrüllt oder gar ohrfeigt. Ganz offensichtlich aber gibt es haufenweise mittelalterliche Kinder, an denen die modernen Methoden abprallen. Selbst bei ganz wildfremden Kindern muß man leider feststellen: solange sie beim Spiel von ihren Müttern in freundlichem, ruhigem Ton – wie vorgeschrieben – gerufen werden, stellen sie sich taub. Erst wenn das mütterliche Organ eine unangenehme Lautstärke und etwas schrille Schärfe bekommt, setzen sie sich in Trab. Und die verbitternde, rücksichtslose und häßliche Angewohnheit meiner Kinder, Bonbonpapiere einfach lässig auf die Erde gleiten zu lassen, wurde nicht etwa durch ruhige Vorstellungen, freundliche Bestimmtheit oder einen Appell an das schon beim kleinen Kind vorhandene starke Gefühl für Billigkeit und Gerechtigkeit aus der Welt geschafft, sondern durch ein heiliges Donnerwetter mit allen Schikanen.

Das starke Gefühl für Gerechtigkeit äußert sich übrigens zumeist etwas überraschend – wenn etwa die Jüngste in einen empörten Tränenstrom darüber ausbricht, daß die älteren Geschwister schon so oft Karussell gefahren sind und sie nicht mit konnte, weil sie noch nicht geboren war. Auch hier haben die liebevollen Erklärungen (unter besonderer Berücksichtigung der schwierigen Situation des jüngsten Kindes) nicht immer den angestrebten Erfolg. Die kleine Nervensäge wird die Ungerechtigkeit der Umwelt weiterhin beklagen und fürchterliche Drohungen ausstoßen: «Nie mehr spreche ich mit euch!» – bis schließlich dann doch – zu unserer Schande sei's gesagt – das Machtwort fällt: «Zum Donnerwetter, halt jetzt endlich den Mund mit diesem Unsinn!»

Übrigens vermisse ich bei den pädagogischen Ratgebern noch einen präzisen Hinweis: Wie oft muß man eigentlich die ruhigen Erklärungen über das «Warum» eines Gebots oder Verbots abgeben? Da wir Mütter ja bekanntlich in bester Tonbandmanier manche Dinge zehn Jahre lang tagtäglich sagen müssen («Wasch dir vor Tisch die Hände!» – «Mach die Tür leise zu!» – «Räum deine Sachen weg!» – «Vergiß nicht, dich zu bedanken!» . . .), wäre es gut zu wissen, wie oft man dies alles begründen muß – täglich? wöchentlich? Oder genügt einmal im Monat?

Eine rechte Mutter sein,
das ist
ein schwerer Dienst . . .

Evelyn Sanders

Nur das bißchen Haushalt . . .

Es soll Ehemänner geben, die ihre erschöpften Frauen am Abend fragen, was sie denn eigentlich in den vergangenen zwölf Stunden getan haben. Das bißchen Haushalt ist doch eine Kleinigkeit und mit den vielen elektrischen Geräten eine reine Spielerei (besonders, wenn einem der Staubsaugerbeutel platzt und seinen Inhalt durch das Zimmer bläst!). Ich hoffe, ein paar von diesen ahnungslosen Männern – mein eigener eingeschlossen – lesen die folgenden Zeilen, die einen ganz normalen Wochentag beschreiben:

6.15 Uhr: Der Wecker rasselt los, kriegt eins aufs Dach, gibt wieder Ruhe. Rolf murmelt: «Ich stehe auch gleich auf», dreht sich herum und schläft weiter. Ich wickle mich in den Bademantel, schleiche ins Bad, putze die Zähne (man sollte immer Selterswasser benutzen, das macht wenigstens munter) und wandere in die Küche. Kochplatte an, Wasserhahn aufdrehen, hoffentlich kommt welches, gestern hatten wir mal wieder keins . . . es gluckst und blubbert, dann tropft eine rostrote Brühe heraus. Also erst ablaufen lassen!

Küchentür auf, Gang entlang, Treppe hinunter und so weiter. Die Jungs schlafen wie die Murmeltiere.

«Jetzt aber endlich raus, warum seid ihr noch nicht im Bad?»

«Der Wecker hat nicht geklingelt.»

«Weil ihr ihn wieder nicht aufgezogen habt! Und jetzt ein bißchen Beeilung bitte!»

«Ich kann heute nicht zur Schule, mir ist so schlecht.» Saschas Stimme klingt tatsächlich ziemlich matt.

«Wovon ist dir schlecht?»

«Weiß nicht, vielleicht die Pflaumen von gestern.»

«Mami, ich weiß, warum dem schlecht ist», tönt es aus dem Bad, «die schreiben heute ein Diktat.»

«Alte Petze!» Sascha blinzelt zu ihm herüber und kriecht schließlich doch aus dem Bett.

Ich gehe zurück in meine Küche. Die Herdplatte glüht, das Wasser läuft endlich normal, also Teewasser aufsetzen; Kaffeemaschine fertigmachen, Babyflaschen warm stellen, Tisch decken – inzwischen ist es zwanzig vor sieben –, Schulbrote schmieren (gestern waren doch noch drei Bananen da? Na, egal, dann gibt es heute eben keine Vitamine), das Teewasser kocht, die Zwillinge brüllen, die Kaffeemaschine spuckt, weil sie verkalkt ist und ich immer wieder vergesse, sie zu reinigen . . .

Die Knaben erscheinen, nehmen Platz.

«Hast du meine Turnschuhe gesehen?» Sven sucht jeden Morgen etwas anderes.

«Nein.»

«Ich brauche sie aber!»

Ich suche die Turnschuhe, finde sie vor der Haustür, gepanzert mit einer zentimeterdicken Lehmschicht.

«Das habe ich doch glatt vergessen. Wollte sie gestern noch saubermachen. Die hatte ich an, als wir am Trosselbach den Stausee gebaut haben. Was mache ich denn jetzt bloß?»

«Barfuß turnen!»

Sascha malt mit dem Messer Girlanden auf die Butter.

«Iß endlich!»

«Hab keinen Hunger.»

«Iß, oder es gibt am Nachmittag Hausarrest!» (Alberne Drohung, wird ja doch nicht in die Tat umgesetzt.)

Sascha angelt sich eine Toastscheibe, bohrt ein Loch in die Mitte, steckt den Finger durch, läßt sie rotieren, beißt schließlich hinein.

Es ist 7.10 Uhr, in fünf Minuten fährt der Schulbus.

Die Knaben angeln sich ihre Ranzen, poltern die Treppe hinunter. Die vergessenen Pausenbrote werfe ich aus dem Fenster hinterher.

Die Zwillinge brüllen immer noch, das Wasser, in dem die Fläschchen zum Warmwerden stehen, kocht Blasen. Verflixt, man sollte sechs Hände haben! Die Schreihälse bekommen ihr Frühstück und ich endlich eine Tasse Kaffee.

Rolf erscheint im Bademantel, in einer Hand die Zeitung, in der anderen eine brennende Zigarette. Kann man ihm die Qualmerei auf nüchternen Magen nie abgewöhnen?

Jetzt schnell ins Bad. Dusche andrehen, es röhrt und zischt, dann tropft es schwärzlich. Ach so, muß man ja erst ablaufen lassen. Dauert zu lange, also Katzenwäsche. Anschließend zu den Zwillingen, die in harmonischem Einklang die geleerten Flaschen gegen die Gitter hauen. Waschen, trockenlegen, zurück in die Bettchen. Gebrüll! Sie kriegen ihre Teddybären und die Klappern, beruhigen sich, spielen.

8 Uhr. Endlich Frühstück. Rolf ist schon fertig und liest Zeitung. «In Italien streikt das Hotelpersonal, die Gäste müssen sich die Betten selber machen.»

«Na und? Muß ich ja auch.» Der Kaffee ist lauwarm, der Toast inzwischen zäh.

Unten klappt die Haustür. Wenzel-Berta kommt, sie hat einen Schlüssel. «Guten Morgen! Is ja mal wieder ein wunderschönes Wetter, und hier habe ich Karotten mitgebracht. Eugen hat sie gestern alle rausgemacht, aber es sind ja so viele.» Wenzel-Berta kommt selten ohne ein paar Produkte aus ihrem Garten. Vielleicht meint sie, daß man kinderreiche Familien unterstützen muß, am besten mit Naturalien.

«Haben Sie noch 'n Täßchen übrig?»

«Sicher, aber er ist fast kalt.»

«Macht nichts, heiß is ja ungesund.»

Fast jeden Morgen wiederholt sich dasselbe Ritual. Wenzel-Berta schenkt sich eine Tasse Kaffee ein, und während sie ihn trinkt, erzählt sie die Neuigkeiten, die sich während der letzten 24 Stunden ereignet haben.

Rolf türmt, und ich höre mir geduldig an, daß die Jüngste vom Schrezenmeier jetzt auch Mumps hat und daß in der Nacht der Tierarzt zum Hagner-Bauern kommen mußte, weil die Kuh nicht kalben konnte. «Und was der Kleinschmitt is, der is vielleicht wütend. Da ha'm doch die Bengels den Bach oben gestaut, und nu is dem seine Wiese überschwemmt. Jetzt will er wissen, wer das war.» (Hoffentlich kriegt er es nicht heraus.)

Stefanie kommt. Den Pullover hat sie verkehrt herum angezogen, ein Strumpf fehlt, und gekämmt ist sie auch nicht. Ich bringe sie zurück, komplettiere die Garderobe, setze sie an den Frühstückstisch. Der Tee ist eiskalt, und außerdem: «Ich will lieber Milch!»

Wenzel-Berta wärmt Milch. «Mit Zucker!» Wenzel-Berta holt die Zuckerdose. «Haben wir noch Zwieback?» Wenzel-Berta holt den Zwieback. Steffi ist endlich zufrieden.

9 Uhr. Rolf erscheint, sucht Autoschlüssel und Sonnenbrille. Ich finde beides im Bad.

«Kommst du zum Essen nach Hause?»

«Nein, ich bin in Stuttgart.»

Auch gut, dann kochen wir heute auf Sparflamme. Karotten sind ja sehr gesund.

«Weißt du, wo der Stadtplan von Stuttgart ist?»

Weiß ich nicht, aber ich suche ihn. Nach fünf Minuten habe ich ihn auf dem Schuhregal gefunden.

«Vielen Dank, wenn ich dich nicht hätte . . .» Haha! Abschiedsküßchen, weg ist er.

9.30 Uhr. Wenzel-Berta hängt Wäsche auf, ich hole die Zwillinge, albere ein bißchen mit ihnen herum und setze sie in ihren Käfig. Protestgeheul, ich soll dableiben. Geht nicht, muß Betten machen. Stefanie verschwindet um die Hausecke, das volle Milchglas steht auf dem Tisch.

Es klingelt. Ich melde mich an der Sprechanlage.

«Ich hend Poscht für Sie.»

Nanu, so früh heute? Ach so, ist ja Mittwoch, die Kneipe hat Ruhetag.

«Dann werfen Sie's doch in den Kasten.»

«Ha, Sie müsset schon selber kommen!»

Treppe runter, Haustür auf.

«Einschreiben?»

«Nein, Sie müsset eine Nachgebühr zahlen!»

«Können Sie das nicht gleich sagen?» Treppe wieder rauf, Portemonnaie suchen, liegt auf dem Kühlschrank, Treppe wieder runter. «Wieviel macht's denn?»

«Dreißig Pfennige.»

Ich habe keine dreißig Pfennige, nur fünfzig. «Stimmt so.»

«Ha, ich dank auch recht schön. Grüß Gott.»

Haustür zu, Treppe wieder rauf. Kleine Zigarettenpause, nur mal schnell den Brief lesen, Regina schreibt selten genug, und nie klebt sie genug Marken drauf. Was sie schreibt, klingt wie aus einer anderen Welt. Theaterbesuch, Schaufensterbummel, Klassentreffen – selige Pennälerzeit! –, und zum Schluß fragt sie, wann ich wieder einmal nach Berlin komme. Die Ahnungslose! Na ja, wie sollte sie auch. Sie ist geschieden, hat nur ein Kind, das noch dazu von der Oma betreut wird, und einen Beruf, der ihr Spaß macht.

10.30 Uhr. Höchste Zeit zum Einkaufen. Wenzel-Berta putzt Karotten. Schnitzel dazu? Quatsch, zu teuer, Frikadellen tun's auch. Hannibal springt ausnahmsweise gleich beim ersten Mal an und tuckert friedlich ins Nachbardorf. Beim Metzger ist es voll. Ich werde nervös, die Zeit wird langsam knapp. Endlich bin ich dran. Als ich bezahlen will, entdecke ich, daß ich das Portemonnaie vergessen habe. Natürlich, der Briefträger! Jetzt liegt es unten auf dem Dielentisch. Die Metzgersfrau beruhigt mich. «Machet Sie sich koi Sorge, dann zahlet Sie äbe das nächste Mal.» (Auch so ein Vorteil des Landlebens. Ist man erst einmal bekannt, kann man wochenlang ohne Geld einkaufen gehen.)

Gleich 11.30 Uhr. Jetzt aber dalli. Hannibal spuckt, hustet, bricht seinen vorgesehenen Streik aber ab, rattert los. Eigentlich brauche ich noch Brot, aber das muß Sven am Nachmittag holen, jetzt habe ich keine Zeit.

«Frau Wenzel, können Sie schnell die Frikadellen fertigmachen? Ich muß die Mäuse füttern.» Wenzel-Berta macht.

12.10 Uhr. Die Zwillinge bekommen ihr Gemüsebreilein, werden gewaschen, gewickelt, zum Mittagsschlaf ins Bett gelegt. Sie sind anderer Meinung und brüllen. Nach fünf Minuten schlafen sie. Gleich eins. Wenzel-Berta geht, verspricht aber, am Nachmittag noch mal zu kommen und Wäsche zu bügeln. Wenn ich Orden verleihen könnte, bekäme sie einen von mir.

Die Frikadellen brutzeln in der Pfanne, die Kartoffeln kochen, der Tisch ist gedeckt . . . zehn Minuten Pause. Denkste! Sven ist schon da.

«Sascha kommt später, der muß laufen.»

«Warum denn nun schon wieder?»

«Die haben Karlchen eine Knallerbse unters Gaspedal geklemmt, und da hat er sie auf halber Strecke rausgeschmissen.»

So geht das nicht weiter. Rolf muß endlich mal ein ernstes Wort mit seinem Filius reden. Leider enden derartige Strafpredigten meist damit, daß er seinem Sohn Streiche aus seiner eigenen Schulzeit erzählt, die Sascha wie ein Schwamm aufsaugt und irgendwann wieder in die Praxis umsetzt.

13.30 Uhr. Sascha kommt angetrödelt, läßt den Anraunzer wie kaltes Wasser ablaufen und erzählt mir strahlend:

«Du hättest bloß mal dem sein Gesicht sehen sollen, als das plötzlich losknallte!»

«Sein Gesicht.»

«Ist doch egal, jedenfalls hat er ziemlich blöde geguckt!»

Das Mittagessen verläuft friedlich. Nur Steffi ist nicht da. Suchaktionen sind sinnlos, es gibt zu viele Möglichkeiten, wo sie sein kann. Wahrscheinlich hat sie sich wieder bei irgend jemandem selbst eingeladen.

«Wie sieht es mit Hausaufgaben aus?»

«Ich hab keine auf.» Natürlich Sascha.

«Stimmt ja gar nicht. Günther hat mir erzählt, ihr sollt einen Aufsatz schreiben.»

«Hab ich ganz vergessen. Und außerdem geht dich das überhaupt nichts an!»

Sven trollt sich samt Ranzen auf die Terrasse, Sascha verschwindet Richtung Treppe.

«Hiergeblieben! Erst die Arbeit, dann das Vergnügen!» (Idiotischer Spruch, aber den habe ich früher auch immer gehört.) Sascha mault, fügt sich aber.

14.15 Uhr. Die Zwillinge haben ausgeschlafen, werden frisch gewickelt, bekommen ihren Obstsaft, marschieren in ihren Stall. Wollen nicht alleine bleiben, brüllen. Kriegen Zwieback in die Hand gedrückt, werden friedlich.

15 Uhr, und die Küche sieht noch aus wie ein Schlachtfeld. Spülmaschine haben wir nicht, also do it yourself.

Es bimmelt. Telefon. «Schatz, ich komme heute nicht mehr nach Hause, sondern fahre weiter nach Karlsruhe. Bin morgen am Spätnachmittag zurück. Was machen die Kinder? Was wolltest du sagen? Meine Groschen sind alle, tschüs, bis morgen!» Na, nicht zu ändern, irgendwo müssen die Brötchen schließlich herkommen.

15.30 Uhr. Auf der Terrasse ist es verdächtig ruhig. Sven schreibt Vokabeln ab und versichert mir zum zwanzigsten Mal, daß man endlich Esperanto als Universalsprache einführen sollte. Sascha ist verschwunden. Ich entdecke ihn im Garten, wo er mit dem Gartenschlauch hantiert.

«Was machst du da?»

«Die Mäuse sehen aus wie Ferkel, die muß man erst mal saubermachen.»

«Aber doch nicht mit dem Schlauch!»

Sascha dreht bedauernd den Wasserhahn zu und kommt zurück.

«Was macht der Aufsatz?»

«Ich weiß nicht, was ich schreiben soll.»

«Wie heißt denn das Thema?»

«Was ich einmal werden will.»

«Na und? Seit zwei Wochen willst du Astronaut werden, fällt dir dazu nichts ein?»

«Ach nee, immer in so 'ner Kapsel hocken ist auch nicht das Wahre. Ich werde lieber Zoodirektor. Da kann ich auch mehr drüber schreiben.»

«Schreib, worüber du willst, aber fang endlich an!»

Katja brüllt, weil Nicki ihr den Stoffelefanten in die Nase bohren will. Rettungsaktion, anschließend provisorische Reinigung der Ferkel.

16.15 Uhr. Endlich taucht Steffi auf.

«Ich habe schon Mittag gegessen!»

Dieses Kind hat ein sonniges Gemüt, bald ist Zeit zum Abendbrot.

«Wo warst du denn?»

«Bei Schrezenmeiers.»

«Ich denke, die Karin hat Mumps?»

«Karin nicht, aber Petra.»

«Und dann bleibst du den halben Tag dort? Mumps ist ziemlich ansteckend.»

«Petras Mama sagt, ich krieg's sowieso mal!»

Jetzt brauche ich einen Kaffee! Wenzel-Berta steht schon im Eßzimmer und bügelt. Also zwei Tassen Kaffee!

Es klingelt. Frau Häberle II steht draußen. Ihre Schwester ist heute früh mit dem Blinddarm ins Krankenhaus gekommen, und ob sie mal telefonieren darf. Sie darf. Der Blinddarm ist ein Magengeschwür und muß operiert werden. Frau Häberle begreift das nicht, geht aber trotzdem wieder.

17 Uhr. Sascha präsentiert sein Heft. Seine Vorstellungen von den Aufgaben eines Zoodirektors sind reichlich abenteuerlich, vielleicht sollte er sich mal mit Dr. Grzimek unterhalten.

«Jetz pack endlich zusammen, dann kannst du verschwinden. Aber spätestens um sieben seid ihr zurück!»

Die Zwillinge quengeln, sie werden müde, und Hunger haben sie auch. Jetzt kommt der zeitraubendste Teil des Tages, die Wasserschlacht. Wenn die beiden nur endlich groß genug wären, damit man sie zusammen baden kann ... Um halb sieben habe ich sie fertig, eine halbe Stunde später sind sie abgefüttert und schlafen ein.

19 Uhr. Stefanie erscheint, die Jungs bleiben verschwunden. Ich stecke meine Tochter samt Ente, Krokodil und Schiffchen in die Wanne, da ist sie gut aufgehoben.

19.30 Uhr. Die Knaben sind noch immer nicht da. Steffi kommt triefend an, bis auf das Gesicht ist sie sauber. Also noch mal zurück in die Wanne, abtrocknen, Schlafanzug an, Butterbrot nebst Apfel und ab ins Bett.

20 Uhr. Sven marschiert kleinlaut die Treppe herauf. «Entschuldige, ich habe nicht auf die Uhr gesehen.» Konnte er auch nicht, er hatte keine mit. Die liegt auf der Terrasse.

«Wo ist Sascha?»

«Ist der noch nicht da?»

«Nein.»

«Ich such ihn mal.»

Sven trabt wieder los, kommt nicht mehr zurück. Um halb neun mache ich mich selbst auf die Suche und finde die beiden bei Kroihers im Schweinestall.

«Guck mal, Mami, sind die Ferkel nicht süß? Die sind gestern erst geboren worden.»

Ich will keine Ferkel sehen, ich will überhaupt nichts mehr sehen, ich will endlich mal ein bißchen Ruhe haben! Die Knaben wittern Unheil, flitzen los, gehen freiwillig duschen, erklären, keinen Hunger mehr zu haben und sind endlich in ihren Zimmern verschwunden.

Kurz nach 21 Uhr. Feierabend. Eigentlich sollte ich jetzt auch mal etwas essen. Brot ist alle. Na ja, Knäckebrot ist auch nahrhaft. Und was jetzt? Kurzer Blick ins Fernsehprogramm. Im ersten Programm fängt gerade ein amerikanischer Krimi an; der andere Kanal sendet ein Problemstück. Probleme habe ich selber, zusätzliche brauche ich nicht.

Ich könnte Regina anrufen, mich für den Brief bedanken. Ihre Mutter ist dran. Regina ist nicht zu Hause, und wie es mir denn geht? Fünf Minuten unverbindliches Blabla.

21.30 Uhr. Warum soll ich nicht ins Bett gehen und noch ein bißchen lesen? Den Schiwago habe ich Ostern angefangen, ich bin immer noch auf Seite 211. Aber vorher schnell duschen, jetzt wird die Brause ja wohl in Ordnung sein. Das Bad schwimmt. Die Herren Söhne . . . egal, morgen ist auch noch ein Tag!

Und wenn Rolf am Abend zurückkommt, wird er mir bestimmt wieder wortreich erzählen, wie anstrengend die letzten beiden Tage für ihn waren und wie gut ich es dagegen habe. Nur das bißchen Haushalt . . .

Trude Egger

Wer ist dran? – Ich nicht!

Sofort nach dem ersten Schrei meines erstgeborenen Sohnes und nachdem ich mich kurz von seinem Geschlecht und der Vollzähligkeit seiner Gliedmaßen überzeugt hatte, tat ich folgenden feierlichen Schwur: Dich, mein Sohn, will ich zu einem modernen, emanzipierten, zu echter Partnerschaft fähigen Mann erziehen, so wahr mir Gott helfe!

Ich muß sagen, vorerst ließ sich die Sache vielversprechend an. Sobald Mamas kleines Mausiputzi kriechen konnte, räumten die kleinen Händchen eigenhändig die Spielklötzchen in die Schachtel ein. Mit drei rührten selbige süßen kleinen Händchen fleißig Kuchenteig. Mit fünf häkelten sie eine Schnur aus Wollresten, die um den Küchentisch herumreichte. Ich erwog ernsthaft, mit diesem Wunderknaben auf Tournee zu gehen. Aber dann geschah es: Kaum waren die kleinen Händchen groß genug, um einen Abwaschschwamm zu halten, da versiegte der Strom der Hilfsbereitschaft so plötzlich wie das Wasser des Flusses Darling in der zentralaustralischen Wüste.

«Warum bloß?» seufzte Hanna, als es immer offenkundiger wurde, daß wir trotz aller heiligen Schwüre eine Horde Faulpelze aufzogen. Hanna ist übrigens die einzige meiner Freundinnen, die mir erhalten geblieben ist. Aber nur, weil sie es in drei Doppelstunden Yoga bis zum Kopfstand – gegen den Küchenschrank – und damit verbunden zu einem fabelhaften Wurstigkeitsgefühl gebracht hat, das es ihr ermöglicht, gelassen hinzunehmen, wenn mein Mann in ihrer Gegenwart unschöne Bemerkungen fallenläßt wie etwa: «Was tut denn die schon wieder hier?»

«Frag mich nicht!» seufzte ich. «Ich weiß nur soviel: Ein Sechzehnjähriger wird vor dem Frühstück einen Sprint auf den nächsten Dreitausender machen, um sich fit zu halten, aber wenn man ihn bittet, eine Gabel zu bringen, muß er sich zwischen Besteckschublade und Tisch auf der Couch von einem akuten Schwächeanfall erholen.»

Als ich selbst wieder einmal von all der Schinderei so erschöpft war, daß mir auf dem Weg zum Mund der Löffel aus der Hand fiel, sagte ich mir: Trude (ich gebrauche manchmal meinen Namen, um ihn mir in Erinnerung zu rufen), Trude, sagte ich mir, das muß sich ändern. Du mußt wenigstens die Kinder soweit bringen, daß sie dir helfen.

«Und, ist es dir gelungen?» erkundigte sich die Bekannte, mit der ich mich über das Thema unterhielt.

Ich nickte.

Ihre Augen flackerten. «Wie? Sag mir schnell, wie?» keuchte sie.

Kühl zuckte ich die Achseln. «Nun, man muß den Haushalt auf eine gesunde geschäftliche Basis stellen, das ist alles.»

Ihre Nägel krallten sich in meinen Arm. «Red nicht so geschwollen. Spuck's schon aus.»

Ich klärte sie auf: Als Generalunternehmer vergab ich lukrative Aufträge an meine Subunternehmer. Ein Eis fürs Saugen eines Zimmers, ein Kaugummi die Katze füttern, Wohnzimmer abstauben ein Matchboxauto.

«Fabelhaft. Hört sich wirklich gut an. Aber . . . aber glaubst du, daß es erzieherisch . . . ich meine, ist so was auch richtig?»

«Keine Ahnung. Und wenn schon. Jedenfalls hielt es mich davon ab, mit dem nächsten Mormonen, der an meine Tür klopfte, um mich zu bekehren, nach Salt Lake City durchzubrennen.»

«Dieses System, funktioniert es immer noch?»

«Irgendwann hörten wir wieder damit auf.»

Meine Bekannte schien ehrlich enttäuscht. «Warum?»

Ich konnte es ihr nicht sagen. Ich hatte es vergessen. Wahrscheinlich bin ich in Konkurs gegangen.

Ich bin die letzte, die abstreiten würde, daß der Weg meiner Kinder vom Zahnen bis hin zu dem Moment, wo sich ihre Finger erstmals um den eigenen Mopedschlüssel krampfen, nicht oftmals ein beschwerlicher wäre. Wirklich, niemand kann mehr Verständnis aufbringen als ich. Habe ich Engel nicht eigenhändig ein in Wut zerfetztes Zeugnis aus dem Klosett gefischt, die einzelnen Teile mit dem Haarfön getrocknet, sie unter Zeitungspapier gebügelt und mit derselben Sorgfalt zusammengeklebt, die ein Archäologe auf die Restaurierung einer etruskischen Vase verwenden würde?

Aber eines möchte ich, bei allem Verständnis, trotzdem gern wissen. Warum ist es ihnen auf ihrem Weg vom Zahnen zum Mopedschlüssel einfach unmöglich, einen Klodeckel zu schließen? Ein Geschirrtuch in die Hand zu nehmen (außer, um damit Fliegen zu erschlagen) und einen Kochlöffel nur dann, wenn sie damit die Reste ihres Mittagessens den Ausguß hinunterstopfen wollen? Warum, o Herr, habe ich eine Tochter, die für die Zubereitung einer Beutelsuppe den Rat der Briefkastentante braucht? Warum muß ich, wenn fürs Abendessen ein paar lumpige Kartoffeln zu kochen sind, eine Abhandlung von der Länge und minuziösen Genauigkeit einer Dissertation auf den Brotkasten kleben?

Reg dich ab, Mütterchen, immerhin haben sie schon mal mit der Schälerei angefangen. Oder zumindest mit der Diskussion darüber, wer anfängt . . .

«Scheiße!» sagt gerade deine seidenhaarige, goldblonde Tochter, die genauso aussieht, wie man sich die Prinzessinnen vorstellte in einer Zeit, in der noch nicht wissenschaftlich erwiesen war, daß Farbe und Beschaffenheit des Kopfhaares keinerlei Rückschlüsse auf den Charakter zulassen. «Ich hab mir gerade die Nägel lakkiert!» und zum sechzehnjährigen Bruder: «Du bist dran!»

Der, die Katze kraulend, mault: «Kommt nicht in die Tube. Wer hat den Dreckeimer rausgetragen?» Hin zum Jüngsten: «Der ist dran.»

Mit philosophischem Gleichmut klaubt sich dein Herzpinkelchen eine Zigarette aus einer zerknautschten Packung zwischen Bauch und Unterhemd und macht sich, genüßlich paffend, über die Kartoffeln her.

Er ist nicht der Schnellste, nein, bei Gott nicht. Müßtest du ihm

Stundenlohn zahlen, kämen dich die Kartoffeln teurer als eine komplette Gesichtspackung einschließlich Tiefenreinigung und einer Maske vom Honig der Bienenkönigin. Er bewegt sich im selben Tempo, in dem die Sonne über den Himmel kriecht. Du kannst ihm nie zusehen, ohne das Parkinsonsche Zittern zu kriegen.

Aber du brauchst ihm ja nicht zuzusehen, Mütterchen, denn du bist nicht daheim.

Noch nicht.

Noch sitzt du im Auto neben einem Irren, der mit aller Gewalt versucht, euch beide zwischen zwei Sattelschleppern umzubringen. Aber auch in dieser, deiner vorletzten Sekunde siehst du genau, was sich zu Hause abspielt.

Wenn dein Sonnyboy seinen Anteil von vier Kartöffelchen geschält hat, brüllt er mit ungewohntem Elan hin zur Couch, auf dem sich sein Bruder, immer noch katzenkraulend, räkelt: «Mensch, mach dich, wenn sie heimkommt, kriegt sie einen Anfall!» Sie, das bist du. (Gewiß, Mütterchen, irgendwann einmal hattest du auch einen Vornamen. Vielleicht – ich sage vielleicht – erinnert sich einer daran, wenn es dereinst an der Zeit ist, ihn auf den Grabstein meißeln zu lassen.)

Der Knabe auf der Couch bewegt sich erst, als eine schlecht gezielte Kartoffel den auf seinem Bauch schlummernden, sanft schnarchenden Kater trifft. Der flüchtet mit Wehgeschrei unter die Eckbank. Auch die Kartoffel landet dort. Und deine Tochter kriecht fluchend hinterher, um sie zu suchen.

Nicht, daß sie sich normalerweise um eine lumpige Kartoffel sorgen würde. Von ihr aus könnte die in einer dunklen Ecke liegenbleiben, bis sie treibt und Würmer aus ihr kriechen.

Aber diese eine war schon geschält. Und *sie* (du, Mütterchen, du) müßte jeden Moment heimkommen mit ihrer üblichen blöden Hektik und ihrem sinnlosen Gezeter.

Du kommst heim. Und haßerfüllt starrst du auf die Kartoffeln, die nicht, wie du gehofft hast, im Topfe brodeln, sondern auf einem erdigen Schalenhaufen liegen und aus hundert schwarzen Augen zurückstarren.

«Das hier», zeterst du, anklagend, auf eines dieser Augen weisend, «ist ein Auge! Ein Auge in der Kartoffel hat nicht die Aufgabe, etwas zu betrachten, zum Beispiel diesen verdammten Saustall hier, denn es ist blind. Es ist zu nichts nütze, und deshalb sticht man es aus!»

«Das», sagt deine Tochter vorwurfsvoll, «hast du uns nicht aufgeschrieben.»

In stummer Verbitterung schmeißt du die Kartoffeln in den Dampftopf und weißt jetzt schon, wie das Püree sein wird: zäh wie Leim. Im Becken häuft sich das Geschirr vom Frühstück, im Geschirrspüler steht das Geschirr von gestern abend.

«Wer ist heute dran?» erkundigst du dich, wobei du die Antwort im voraus kennst: «Ich nicht! Ich war's gestern!»

Du wäschst den Salat, fütterst das liebe Katerchen, schneidest die Zwiebeln, läßt das Katerchen hinaus, kochst eine Suppe, zerstampfst die Kartoffeln zu Mus, läßt das Katerchen wieder herein, tauchst die Leberschnitzel in Mehl, läufst dem verdammten Katzenvieh und einem Leberschnitzel nach und hältst zwischendurch folgenden bitteren Monolog:

«Da hab ich in diesem Haus vier Menschen im Vollbesitz ihrer geistigen und körperlichen Kräfte, und was tun sie? Streicheln den Kater und warten darauf, daß ich heimkomme und sie bediene. Wenn einer von ihnen auch nur einen Teller vom Tisch zum Abwasch trägt, verlangt er dafür den Großen Verdienstorden. Ich habe die Nase voll. Mir reicht's, hört ihr! Mir hängt das Ganze zum Hals heraus, hört ihr, zum Hals heraus!»

Doch nein, es hört dich niemand. Deine Brut hat sich inzwischen verkrümelt und an einem sicheren Ort versteckt. Und ihr Vater schläft auf der Couch, mit dem Kater auf dem Bauch. *Noch* schläft er. Aus Erfahrung jedoch weißt du: Er wird schlafen bis zwei Minuten vor dem Essen, dann wird er sich in Luft auflösen. Keiner weiß dann, wo er ist. Im Haus nicht. In der Garage auch nicht. Vielleicht ist er im Wald und beobachtet die brunftenden Hirsche.

Wie dem auch sei und wo er auch sei: Stell ihm inzwischen sein Essen warm, du liebes, gutes, braves Mütterchen ...

Phyllis Theroux

Wer erobert die Fahne?

Im vergangenen Jahr bekam ich von der früheren Studentensprecherin meines College-Jahrgangs einen Rundbrief, in dem alle Ehemaligen gebeten wurden, etwas über ihr Leben seit dem Abgang vom College zu schreiben. Unsere Kurzbiographien sollten in eine Denkschrift aufgenommen werden, die anläßlich des fünfundzwanzigsten Jahrestages zusammengestellt wurde. Und wenn wir uns trafen, um uns selbst zu feiern, würde jede von uns ein Exemplar bekommen. Ich überlegte ein paar Minuten, bevor ich einen Bogen Papier in die Schreibmaschine spannte. Die folgenden Zeilen flossen aus den Tiefen meines Unterbewußtseins aufs Papier:

Phyllis Grissim Theroux, College-Jahrgang 1961, wohnhaft in Cobble Creek, Connecticut. Als Mutter von sechs Kindern widmet sie einen Großteil ihrer Zeit dem Schreiben und Illustrieren von Kinderbüchern, arbeitet ehrenamtlich in der Suppenküche der Katholischen Arbeiterschaft in Manhattan und hilft ihrem Mann Gordon, einem Architekten, bei der Gestaltung ihres Landhauses in Vermont. Die beiden haben so viele Labradore, daß sie gar nicht wissen, was sie mit ihnen anfangen sollen. In diesem Sommer unternahm die ganze Familie eine Radtour durch Frankreich, die sie auch nach Paris führte, wo ihr ältester Sohn Thomas derzeit an der Sorbonne Geschichte studiert.

Früher einmal hatte ich immer gehofft, fünfundzwanzig Jahre nach Beendigung des College genau diese Sorte von Kurzbiographie unter meinem Namen zu lesen. Immerhin war mein Leben interessanter verlaufen als das oben beschriebene, obwohl sich das Kind in mir noch immer wünscht, es wäre möglich gewesen, jenen Traum «Cobble Creek» zu kaufen, den ich stets wie ein Puzzle empfunden hatte, dessen Zusammensetzung lediglich eine Frage meiner Geduld war. Aber kein interessanter Mensch, den ich kenne, hat ein solches Leben geführt.

Natürlich ließe sich dagegen einwenden, daß ein interessantes Leben weniger erstrebenswert ist als ein friedliches Leben ohne Abstürze und Blessuren; das möchte ich nicht bestreiten. Ich bin in ein interessantes Leben hineingezogen worden, obwohl ich mich gewehrt und geschrien habe. Ich habe jede Möglichkeit wahrgenommen, mich mit weniger zu begnügen. Aber die Handlung des Stücks rollt auf den Darsteller zu, und man muß die Ergebnisse des Zusammenpralls mit Gleichmut, wenn nicht gar Charme hinnehmen.

Was Vorteile betrifft, so weiß ich nur, wie es ist, keine zu bekommen, aber wie viele andere Menschen mußte ich mich letztlich damit abfinden, daß ich von allem mehr mitbekommen hatte – mehr Probleme, mehr Kummer, mehr Bewußtsein und mehr Freiheit, als vor fünfundzwanzig Jahren auf meinem «Wunschzettel» standen. Ich wünsche mir jedoch gegen besseres Wissen, ich könnte meinen Kindern das ersparen, was ich mir selber nicht ersparen konnte.

Wir wissen, zumindest rückblickend, daß dort, wo es um unsere Kinder geht, der größte Teil unserer Heldenhaftigkeit reiner Egoismus ist. Wir wollen nicht zweimal leiden – einmal für sie und dann noch mal für uns selbst –, wenn wir sie im dunkeln umhertappen sehen. Wir wissen auch, daß das unbeschwerte Licht der Kindheit erst in den Tiefen einer Zisterne verschwinden muß, um sich dort zu sammeln und später wieder an die Oberfläche gelangen zu können. Wir wissen eine Menge Dinge, von denen wir wünschen, unsere Kinder müßten sie nicht lernen. Doch wenn es irgend etwas gibt, was mein Leben «interessant» gemacht hat, dann die Erkenntnis, daß meine Kinder eigenständige Menschen auf eigenen Pfaden sind, die wie alle Menschen vor ihnen ihren Weg wohl oder übel allein gehen müssen. In diesem Zusammenhang muß ich an Justin denken.

Als er aus dem Bus stieg, sah er wie ein vierzehnjähriger französischer Dockarbeiter aus. Als er drei Monate zuvor ins Internat eingerückt war, hatten weder die Baskenmütze noch der viel zu große schwarze Wollmantel, der ihm um die Knöchel schlotterte, zu seiner Garderobe gehört.

«Ist dir aufgefallen, daß ich nicht mehr so auffällig angezogen bin?» fragte er, als wir von der Bushaltestelle nach Hause fuhren.

«Es ist mir aufgefallen», antwortete ich. Sein Haar wogte nicht mehr wie eine heranrollende Flutwelle auf dem Kopf. Das Eiserne Kreuz, das früher beängstigend an einem Ohrläppchen zerrte, war einem dezenten Ringlein gewichen.

«Ich glaube, ich bin reifer geworden», fügte er hinzu. Ich warf einen Blick auf das kleine, scharf geschnittene Gesicht, das würdevoll durch die Windschutzscheibe blickte. Justins Augen waren nicht mehr die eines neugierigen Kindes, das das, was es sah, unreflektiert in sich aufnahm. Ein Windstoß war durch sein Bewußtsein gefahren.

«Ja, das glaube ich auch», antwortete ich, freilich ohne hinzuzufügen, daß parallel zu seinem Reifungsprozeß auch der meine vorangeschritten war. Zwangsläufig.

Sie verläßt mich. Die absolute Macht, die ich einst über das Leben meiner Kinder hatte, ist längst kein dickes Fadenknäuel in meiner Hand mehr, sondern besteht nur noch aus ein paar dünnen Fasern vom Ende des Stranges. Stephan wohnt nicht mehr zu Hause, Johanna ist zwar noch da, verbringt aber die meiste Zeit damit, am Telefon neue Unternehmungen zu planen, und Justin, der Jüngste, ist neun Monate im Jahr im Internat.

Es gibt Verluste zu beklagen. Nie wieder werde ich so selbstverständlich mit dem in Berührung sein, was Menschsein bedeutet. Diese Wintermorgen, an denen ich einem zitternden Kind verschlafen eine durchnäßte Windel auszog und es dann wieder in sein warmes Bettchen steckte, damit es sich aufwärmte, sind ein für allemal vorbei. Jetzt kann ich das Haus verlassen, ohne daß sich meine Tochter wie eine zum Sterben verurteilte Motte gegen sämtliche Fensterscheiben wirft und mir mit Tränen in den Augen nachschaut, wie ich die Straße hinuntergehe. Ich kann heimkommen, ohne mich auf drei Paar Arme und Beine gefaßt machen zu müssen, die sich begeistert um meinen Körper schlingen. («Sie ist wieder da!») Diese Art von Verlust hinterläßt ein Gefühl der Kälte.

Auch werden meine Äußerungen über das Leben nicht mehr als unfehlbare Botschaften des Heiligen Stuhls hingenommen. Häufig gestattet man mir nicht einmal mehr, meine unfehlbaren Aussagen zu beenden, selbst wenn sie von der *New York Times* bestätigt werden.

«Die *New York Times* verbreitet lauter Lügen», verkündete mein Vierzehnjähriger eines Morgens.

«In jeder Beziehung?» fragte ich ungläubig. «Weißt du, daß die *New York Times* als die objektivste Zeitung Amerikas gilt?»

Er blinzelte, war sich jedoch seiner Sache so sicher, daß er sich durch meinen Einwand nicht beirren ließ. Das Wort «Sache» wie in «Bleib bei der Sache» und «Das gehört nicht zur Sache» taucht häufig auf, seit Justin im Internat ist und dort einen Jungen namens Max kennengelernt hat.

Max ist, wie ich höre, so klug, daß er allein schon vom Denken einen erhöhten Blutdruck bekommt. Max bringt Justin das Argumentieren bei. Max verfügt über ein ganzes Arsenal voller Ausdrücke wie «Es liegt doch auf der Hand» und «Ich verzichte auf weitere Argumente . . .», die mein eifriger Sohn seinem eigenen Vorrat niederschmetternder Erwiderungen ebenso schnell einverleibt, wie Max sie absondert. Während der Schulferien «verzichteten wir» häufig «auf weitere Argumente», wenngleich es «auf der Hand lag» und «ins Auge sprang», daß Justin mehr am Klang als am philosophischen Gehalt dessen, was er sagte, interessiert war.

«Vermutlich könnte man sagen, daß ich ein anarchistischer Vegetarier bin, außer wenn es um Hot dogs geht.»

«Kein Mensch ist vollkommen», entgegnete ich.

Unter Umgehung der gewalttätigen Aspekte der Anarchie –

meiner Einschätzung nach handelte es sich dabei um ein Schlagwort für die Anarchie zwischen fünfzehn und fünfundzwanzig – merkte ich an, daß die Anarchie offenbar nicht gerade die Weltanschauung war, der die meisten Leute den Vorzug gaben.

«Wir sind noch klein», räumte Justin ein. «Aber wir wachsen. Ich meine, schau mich doch an.»

Ich verzichtete auf weitere Argumente.

Meine drei Kinder sind so atemberaubend verschieden, daß ich mir manchmal wie eine Dolmetscherin bei den Vereinten Nationen vorgekommen bin, die je nachdem, um welches Kind es ging, in drei unterschiedlichen Sprachen agieren mußte.

Stephan, der Älteste, reagiert am besten auf einfache Feststellungen: «Ich bin wütend.» – «Du bist unglücklich.» – «Bitte, nimm den Abfall mit, wenn du gehst.» Erklärungen sind bei ihm Zeitverschwendung. Mit Tatsachen kann er umgehen, die Interpretation dieser Tatsachen erfordert mehr Zeit.

Johanna ist völlig anders. Sie ist ein nüchternes Kind, das Gefühle mit dem Verstand angeht und es fertigbringt, mich erst mit logischen Pfeilspitzen zu bombardieren und im nächsten Augenblick darüber in Tränen auszubrechen, «wie gemein die Leute in Polen zu den Juden waren». Sie überrascht mich ständig mit Erkenntnissen, die mich entzücken und verblüffen.

«Liebe ist eine üble Sache, Mama, das ist die Regel Nummer eins.» In Augenblicken der Verletzlichkeit formuliert sie oft so scharfsinnig, daß es einem weh tut: «Manchmal glaube ich, der einzige Mensch, der mich versteht, bin ich selbst.»

Unser Denken verläuft keineswegs in ähnlichen Bahnen, aber ich bin zunehmend dankbar für die Unterschiede. Durch Johannas Art, die Dinge zu betrachten, hat sich mein Blickwinkel vergrößert. «Wir streiten eine Menge», meinte sie erst kürzlich, «aber wenigstens nur über wichtige Dinge.» Soweit ich mich erinnern kann, ist es mir nie gelungen, das letzte Wort zu behalten. Aber oft stelle ich zwölf Stunden später fest, daß das, was ich zu Johanna gesagt habe, nicht umsonst war. Sie brauchte einfach nur Zeit, um meine Worte gegen ihre abzuwägen.

Bei Justin, dem dritten Kind, könnte man von einem Seelentransplantat sprechen. Vom Tag seiner Geburt an wußte ich instinktiv, wie ich mit ihm umzugehen hatte. Schon als Säugling hörte er zwischendurch zu nuckeln auf und warf mir einen belustigten Blick zu, als wollte er sagen: «Das macht richtig Spaß. Ich wünschte, du könntest an meiner Stelle sein.» Und dieser Wunsch ging auf vielerlei Weise in Erfüllung. Doch im Verlauf des Ablösungsprozesses, der stattfinden muß, wenn aus dem Sohn ein Mann werden soll, muß dieser Wunsch rückgängig gemacht werden.

Als Justin und ich in diesem Herbst zu dem Schluß kamen, daß für ihn ein Internat notwendig sein würde, rechneten wir nicht von vornherein mit Trennungsängsten. Ich war in Justins Alter selbst auf ein Internat gegangen und hatte enorm von den formgebenden Faßreifen profitiert, die die unregelmäßigen Dauben meiner Persönlichkeit umfingen. Das intuitive Wissen um Ordnung und Schönheit, das ich mir während dieser Zeit aneignete, beflügelt noch heute meine Phantasie. In der Jugend eine möglichst lange Zeit in einer Atmosphäre der Harmonie verbringen zu können, ist von großem Wert.

Als ich Justin im vergangenen September in der Schule ablieferte, flossen keine Tränen. Vielmehr hatte ich das Gefühl, daß es, nachdem ich sein Zimmer gesehen und den Direktor kennengelernt hatte, angebracht war, sich ziemlich rasch aus dem Staub zu machen. Da Justin befürchtete, ich könnte mich in Gegenwart anderer Schüler zärtlich von ihm verabschieden, hatte er von mir verlangt, daß wir das Verabschieden erledigten, bevor wir das Schulgelände erreichten. «Jetzt kannst du mir einen Abschiedskuß geben», ordnete er ein paar Straßen zuvor an.

Seine ersten Telefonanrufe stimmten mich zuversichtlich. Die Schule gefiel ihm ausgezeichnet, das Essen war toll, und wenn er morgens aufwachte, fiel sein Blick als erstes auf einen Berg, der «wie eine Schüssel Cornflakes aussieht». Die Entscheidung war richtig gewesen. Ich stellte mir vor, wie er über eine Zeichnung gebeugt an einem Holzofen im Klassenzimmer saß, weit weg von den trübseligen Straßen der Stadt. Offenbar wurden während der

Zeichenstunden Opern angehört. Justin hatte sich von seinem eigenen Geld eine Kassette mit Haydns Flötenkonzerten gekauft. Sollte ich eines Tages das Schulgeld nicht mehr aufbringen können, würde ich abends als Kellnerin arbeiten, damit es ihm weiterhin so gutging.

Später klangen die Telefonanrufe etwas bekümmert. Justin entwickelte das, was er selbst als das «Howard-Hughes-Syndrom» bezeichnete, ein Ziehen und Stechen in Herz, Rücken und Kopf, das ihm ziemliche Angst einjagte.

«Das kommt nur, weil du dir Sorgen machst», beruhigte ich ihn. «Dein Körper reagiert auf deine Gemütsverfassung. Gibt es irgendeinen Grund dafür, etwas, worüber du mit mir reden möchtest?»

Manchmal gab es einen Grund: Algebra bereitete ihm Schwierigkeiten, in Französisch war er auch nicht sonderlich gut, und sein Zimmergenosse hatte neben anderen unangenehmen Eigenschaften die, zu schnarchen. Abend für Abend besprachen wir am Telefon die jeweils auftauchenden Probleme. Aber ich spürte, daß hinter seiner Liste von Beschwerden etwas anderes steckte: Er verlor ganz generell den Boden unter den Füßen. Als im Unterricht nach einer langsamen Anlaufphase in den zweiten Gang geschaltet wurde, wußte Justin immer weniger, wie es weitergehen sollte. Es wurde ihm zunehmend klar, wie weit er in Wirklichkeit vom heimischen Herd entfernt war.

Das alles platzte schließlich bei einem Telefonanruf aus ihm heraus, der mich um halb drei Uhr morgens aus dem Schlaf riß. Am anderen Ende der Leitung hörte ich eine weinende Stimme: «Mami, ich habe Angst zu sterben.»

Was sagt man einem Vierzehnjährigen, der von Panik ergriffen in einem kalten Schlafsaal steht und sich an eine Rettungsleine klammert, die nur aus einer dünnen Strippe besteht, die in der Wand verschwindet? Bevor auch nur ein Wort über meine Lippen kam, stellte ich meinen Tonfall auf den einer mitfühlenden, aber energischen Stationsschwester ein.

«Natürlich hast du das. Dein Leben hat noch gar nicht begonnen, und du hast Angst, daß man es dir wegnimmt.»

Zum Teufel mit diesen verständnisvollen Müttern! Bereits während ich diese Worte aussprach und eine Spur von Erleichterung am anderen Ende der Leitung verspürte, wußte ich, daß mein Verständnis im Grunde lebensbedrohend war. Wenn mein Sohn überleben und gedeihen sollte, würde er den Schaden wiedergutmachen müssen, den ich ihm durch zu viel Verständnis zugefügt hatte. Im Verlauf der Machtübertragung von den Eltern auf das Kind muß das Kind lernen, sich selbst zu verstehen.

Die Ferien sind vorüber. Wir fahren zum Flugplatz. Ich rekapituliere Justins Reiseroute: In Newark hat er einen Anschlußflug, in Albany braucht er bloß nach dem vorbestellten Taxi Ausschau zu halten, das ihn in die Schule zurückbringen soll. Es war das erste Mal, daß mein Sohn seine Fahrt von zu Hause ins Internat selbst organisiert hat.

Dann wandte sich das Gespräch Justins «Angstanfällen» zu. Er machte sich Sorgen, daß sie wiederkommen würden, das heißt, falls das Flugzeug nicht abstürzte und er überhaupt in die Schule zurückkehrte.

«Weißt du, wie einem zumute ist, wenn man aus einem Film kommt, den man unbedingt sehen wollte?» fragte ich ihn. «Man ist irgendwie versöhnt, zufriedengestellt und gar nicht mehr neugierig.»

Er nickte.

«Nun, es gibt viele Leute, denen immer so zumute ist. Sie sind einfach anders veranlagt.»

«Ich möchte nicht so sein», meinte er.

«Das kannst du dir nicht aussuchen. Du bist so, wie du eben bist. Aber ich kann dir versprechen, daß du diese Ängste nicht immer haben wirst. Eines Tages wirst du an meinem Ende der Telefonleitung stehen, mit einem deiner Kinder reden und ihm sagen, was du in seinem Alter empfunden hast.»

Diese Verlagerung von Zeit und Perspektive leuchtete ihm offenbar ein. Dadurch, daß ich ihm von meiner Warte aus einen Blick in die Zukunft ermöglichte, fing er an, daran zu glauben, daß Land in Sicht war. In diesem Augenblick sprang der Gang heraus, und das Auto verlor an Geschwindigkeit. Ich schaltete herunter. «Ich glaube, zum Flughafen werden wir es noch schaffen, aber nach Hause muß ich womöglich per Anhalter fahren.»

Auf die folgende Verlagerung von Zeit und Perspektive war ich völlig unvorbereitet. «Hör zu», sagte er, und seine Stimme klang autoritärer, als ich sie je erlebt hatte, «wenn du jemals per Anhalter fahren mußt, Mama, dann laß dich nie von einem Mann mitnehmen – gut möglich, daß dich einer von diesen Typen zusammenschlägt. Wenn also einer anhält, um dich mitzunehmen, dann laß ihn einfach vorbeizischen.»

«Einverstanden», sagte ich gehorsam.

«Halte dich an Frauen. Verstanden?»

«Verstanden.»

Die Rückreise ins Internat war nicht einfach. Der Anschlußflug war storniert worden, man hatte Justin auf einen Flug eine Stunde später umgebucht, der Mann, der neben ihm saß, prophezeite einen Absturz, und als er endlich in Albany ankam, war sein Taxi fort. Aber er wurde mit all diesen Mißhelligkeiten fertig.

«Ich bin per Anhalter ins Internat zurückgefahren, mit irgendeiner Oma in einem Pritschenwagen», berichtete er am späten Abend.

«Und es geht dir gut?» fragte ich.

«Schon, nur eins war schlecht an der Sache.»

«Was denn?»

«Der Transporter. Ich bekam es mit der Angst, als ich in der Dunkelheit so ganz allein dahinten saß.»

Im Anschluß an dieses Gespräch ging mir das Bild des vierzehnjährigen Jungen, der neben seiner Reisetasche auf der Ladefläche eines durch die Nacht rumpelnden Pritschenwagens kauert, noch tagelang durch den Kopf. Wir schicken unsere Kinder nicht so ohne weiteres in die Dunkelheit. Aber offenbar ist das der einzige Weg, der zum Licht führt.

Sophie Freud

Eine berufstätige Mutter

Als ich mein Berufsleben begann, hatte ich weder Karrierepläne, noch träumte ich von Ruhm; ich hatte kein bestimmtes Gefühl für persönliche Fähigkeiten und keine festen beruflichen Ziele.

Im Gegensatz zu anderen ehrgeizigen Frauen, die, wie aus Untersuchungen und Autobiographien hervorgeht, ihren Müttern etwas ferner standen und besonders starke Bindungen an ihre Väter hatten, ist mein primäres Vorbild im positiven wie im negativen Sinn meine Mutter gewesen. Meine Mutter war eine ehrgeizige und hochqualifizierte Frau. Sie war noch mit 84 Jahren als Logopädin voll berufstätig, und ihre Arbeit hielt sie in ihrem eher einsamen Alter in bewundernswerter Weise aufrecht. Mit zunehmendem Alter war ich bemüht, mich mit den Stärken meiner Mutter zu identifizieren, und ich führe einen hoffnungslosen Kampf gegen meine Identifizierung mit ihren Schattenseiten. Ich weiß, daß viele Frauen diesen Kampf kennen und wie schwer es ist, ihn zu gewinnen. Nach der Familienlegende sagte mein Vater zu meiner Mutter über mich: «Schau dir ihre schlechten Noten an, und du behauptest immer, daß sie intelligent sei!» Meine Mutter verteidigte mich. Sie glaubte an mich und wollte, daß ich Erfolg habe. Es ist ein Glück, eine Mutter zu haben, die es gut mit einem meint. Für sie war es eine Selbstverständlichkeit, daß ich berufstätig sein würde; mit dieser Grundannahme bin ich aufgewachsen. Ich vermute sogar, daß sie den Glanz und Ruhm für mich ersehnte, der ihr versagt geblieben war und der ihr so viel bedeutet hätte. Sie war während meiner ganzen Kindheit berufstätig, und ich nahm immer an, daß dies die Aufgabe einer Frau sei.

Als Kind war es mein vorrangiger Ehrgeiz, «das bravste Kind von Wien» zu werden. Ich weiß nicht, ob ich dazu erzogen wurde, ein artiges kleines Mädchen zu sein, oder ob es mir um die Konkurrenz und Selbstverleugnung zu tun war, die sich mit einem solchen Ziel verbanden. In jedem Fall enthielt dieser frühe Ehrgeiz sowohl ein Gefühl, etwas Besonderes zu sein, wie auch eine Verpflichtung, hohen Maßstäben zu entsprechen.

Trotz dieses inneren und äußeren Leistungsdrucks behinderten widersprüchliche gesellschaftliche Erwartungen zunächst die zielstrebige Verfolgung beruflicher Pläne. Mein latenter Ehrgeiz äußerte sich in destruktiver Weise, indem ich die unfaire und absurde Erwartung zuerst auf meinen Mann und dann auf jedes meiner drei Kinder projizierte. Ich glaubte, daß sie meine Bedürfnisse nach intellektueller Leistung und öffentlicher Anerkennung erfüllen würden. Ich habe meinen Kindern das Vermächtnis eines übertriebenen Ehrgeizes aufgebürdet. In den letzten Jahren, in denen ich sieben Tage in der Woche rund um die Uhr gearbeitet habe, ist meine Zuversicht gewachsen, daß das Leben einen Sinn hat und gemeistert werden kann. Jetzt, da ich mein Leben im Griff habe, ist mein Bedürfnis geringer, in das Leben anderer einzugreifen, und ich übernehme die Verantwortung nur für meine eigenen Erfolge und Mißerfolge, was eine große Erleichterung für mich ist.

Ich bin mit meinem Leben heute zufriedener, als ich es als aktive Mutter war. Hätte ich ein produktiveres und erfüllteres Leben gehabt, wenn ich, statt Kinder großzuziehen, meine Fähigkeiten als Pädagogin früher entdeckt und genutzt hätte?

Ich wurde nicht Mutter, weil ich mich nach einem Kind sehnte oder eine besondere Vorliebe für kleine Kinder hatte. Im Gegenteil, ich hatte in einer Erziehungsberatungsklinik gearbeitet, wo ich mit allen Fehlentwicklungen zu tun hatte, die Kinder haben können. Ein Kind hatte ich einfach bekommen, weil es mir nie in den Sinn kam, eine andere Wahl zu haben. Das Leben war damals einfacher.

Mutterschaft bedeutete für mich einen Sturm intensiver und neuer Gefühle. Zu Hause zu bleiben machte mich unruhig und depressiv. Das einzige Jahr, das ich ganz zu Hause verbrachte, war kein Erfolg. Mein Bedürfnis, mich zu übertreffen, Situationen voll zu kontrollieren, und meine große Kraft – lauter Vorzüge in der Arbeitswelt – hinderten mich daran, eine entspannte und gelassene junge Mutter zu sein. Meine ganze Vitalität und Leidenschaft ergossen sich auf einen Säugling.

Als meine Tochter ein Jahr alt war, nahm ich eine Teilzeitbeschäftigung an und hörte auch nicht auf, als ich zwei weitere Kinder stillte und aufzog. Als die Kinder größer wurden, erhöhte ich die Zahl meiner Arbeitsstunden allmählich. Die Aufspaltung meines Lebens in die zwei Rollen – Sozialarbeiterin und Mutter – brachte Organisationsprobleme, aber keine größeren emotionalen Konflikte. Obwohl ich während meiner Arbeitsstunden den Luxus einer Haushaltshilfe hatte, blieb ich die Hauptbetreuerin meiner Kinder und war für den Haushalt allein verantwortlich. Ich war überwiegend von Fräuleins aufgezogen worden und deshalb fest entschlossen, der emotionale Halt für meine eigenen Kinder zu sein. Mein Mann war gewiß hilfsbereit, aber er verfolgte seine eigene Karriere, viel zielstrebiger als ich, machte Überstunden und schuf für unsere Familie die materielle Basis. Wir hatten eine unausgesprochene Abmachung, daß alle wichtigen Entscheidungen, was die Kinder anging, von mir getroffen werden würden. Ich bewundere es und wundere mich auch manchmal, welchen Wert heute junge Mütter darauf legen, die Erziehungsaufgaben mit ihren Männern zu teilen. Ich weiß nicht, ob ich so großzügig hätte sein können. Ob mein Mann sein berufliches Leben hätte anders arrangieren können oder wollen, kann ich nicht beantworten. Aber ich wünschte, ich hätte die Weisheit und innere Großzügigkeit besessen zu versuchen, in diese Richtung zu gehen.

Ich möchte laut und deutlich die Tatsache festhalten, daß keine meiner beruflichen Aufgaben je auch nur annähernd mit den emotionalen und intellektuellen Anforderungen vergleichbar war, die in unserer Gesellschaft mit dem Aufziehen von Kindern verbunden sind. Noch heute schlägt mein Herz schneller, wenn ich an den Streß und die Angst im Umgang mit verzögerten Entwicklungsschritten, anhaltendem Bettnässen, Ausschlägen, die man nicht kratzen darf, Schwierigkeiten im Lesen und Rechtschreiben, Heimweh im Ferienlager, Drogenexperimenten, Weigerungen, morgens das Bett zu verlassen, Valentinstagen ohne Valentinsgeschenk, der Aufnahme ins College und, wenn die geschafft war, den Hürden bis zum Studienabschluß denke.

Als psychoanalytisch geschulte Kraft in einem psychischen Heilberuf war ich überzeugt, daß in den ersten Lebensjahren insbesondere durch die Mutter-Kind-Beziehung unwiderruflich die Weichen für die spätere Persönlichkeitsentwicklung gestellt werden. Jedes Entwicklungsproblem erschien mir als ein bedrohliches Vorzeichen – heute frage ich mich manchmal, ob mein theoretischer Hintergrund nicht die Jahre der Kindererziehung durch unnötige, übertriebene Angst vergiftet hat. Es ist mir jetzt wichtig, meine Studentinnen auf neuere, weniger deterministische Forschungsarbeiten in der Kinderentwicklung und auf Literatur hinzuweisen, die manche der den Müttern angebotenen Expertenratschläge in Frage stellen.

Es ist immer wieder die noch unbeantwortete Frage untersucht worden, warum Frauen anfälliger für Depressionen sind als Männer. Meine eigenen Depressionen hingen mit Ängsten der Kindererziehung zusammen. Das Märchen von den Wonnen der Mutterschaft wurde erst vor kurzem und dankenswerterweise entlarvt. Neuerdings wird nachgewiesen, daß die Kindererziehung für manche Frauen eine Gefährdung ihrer geistigen oder psychischen Gesundheit bedeuten und daß dieser Streß durch Berufstätigkeit wesentlich gemildert werden kann. Die meisten Männer haben *zwei* wichtige Rollen, und das erhöht ihre Chance, wenigstens aus einer Befriedigung zu ziehen. Es war sicherlich wichtig für mich, daß ich meine Selbstachtung nicht gänzlich auf die eine Karte Mutterschaft setzte. Das Ausüben beider Rollen hat die Belastung der Kindererziehung für mich vermindert und nicht vergrößert.

Rollenkonflikte vermied ich durch klare Prioritäten, gegen die ich selten verstieß. So traf ich zum Beispiel Vorkehrungen, um nicht zu Hause bleiben zu müssen, wenn die Kinder krank, auch schwer krank waren. Ich wollte eine absolut zuverlässige berufstätige Mutter sein, das bravste Kind von Boston. Dennoch war ich zum Abendessen immer da und weigerte mich, berufliche oder gesellschaftliche Verpflichtungen zu akzeptieren, die mich am Abend von zu Hause ferngehalten hätten. Meine Kinder haben mich mit meinen Mängeln, die ich als Mutter habe, konfrontiert, aber daß ich nicht vorhanden gewesen wäre, darüber haben sie sich nicht beklagt.

Es stimmt, daß mich meine Berufstätigkeit zumindest teilweise, wenn auch nicht ganz, vor übermäßiger Fixierung auf meine Kinder bewahrte. Unter ihren Schmerzen und Mißerfolgen litt ich trotzdem immer noch mehr als unter meinen eigenen. Wenn ich mich von meinen Kindern abgrenze, halte ich mir vor Augen, daß sie ihr eigenes Leben leben, ihre Schmerzen selbst ertragen und ihre eigenen Fehler machen müssen.

Meine Kinder waren meine ersten Schüler, und wie alle Schüler haben sie mir mindestens ebensoviel beigebracht wie ich ihnen; tatsächlich sind sie meine mitreißendsten Lehrer gewesen. Zuerst haben sie mir geholfen, erwachsen zu werden, und dann, jung zu bleiben. Sie haben mich mit neuen Perspektiven und Lebensstilen bekannt gemacht und haben mir geholfen, toleranter zu werden. Sie haben mich Weisheit, Mitgefühl und Demut gelehrt. Obwohl ich eine unvollkommene Mutter war, haben sie mir verziehen und behandeln mich jetzt mit Respekt und Zuneigung, ein unerwartetes Schicksalsgeschenk in der Lebensmitte.

Sie ist immer da . . .

Libby Purves

Mami verduftet

Dies ist ein subversives Kapitel. Es ist ein Schlag ins Gesicht von Konvention und Tradition. Es paßt nicht in das ordentliche Bild eines glücklichen Familienlebens. Wenn Sie es öffentlich vorlesen, dann sollten Sie lieber den Titel ändern, in etwas, was der Mutterrolle besser entspricht. Beispielsweise in

«Frotteewindeln machen Spaß»

oder in

«Mathematik für den Fötus im Mutterleib».

So wird jeder Sie für eine richtige, pflichtbewußte Ehefrau und Mutter halten, die nicht im Traum auf die Idee käme, auf der Suche nach Abenteuern aus ihrem Nest zu flüchten. Denn hier geht's jetzt um Urlaub: Kurzurlaub, Wochenenden oder auch länger. Aber es geht nicht um Sandeimerchen und Schaufel und Freizeitparks, o nein! Auch nicht um die «zweiten Flitterwochen» oder die Wochenenden unter dem Motto «Entfliehen Sie dem Ehealltag», während Großmama sich um die Kinder kümmert. Auch die mögen ihre Berechtigung haben, aber nach meiner Erfahrung läuft es immer nach einem bestimmten Schema ab, wenn Eltern von kleinen Kindern miteinander verreisen: Der eine telefoniert schniefend ununterbrochen nach Hause, während der andere aus reinem Schuldgefühl ganze Läden mit Designeroveralls und Spielzeug aufkauft.

Die beiden obengenannten Ferienkategorien erfreuen sich breitester gesellschaftlicher Billigung. Ferien mit Kindern – ah! wunderschön! Wochenenden allein mit dem Ehemann – ah! wunderschön! Es ist so wichtig, an der Ehe ständig zu arbeiten. Das kommt der ganzen Familie zugute, nicht wahr? Alle sind sich einig. Ich spreche jedoch über etwas Unerhörtes: Ferien *für Mütter – alleine*! Ich spreche über Frauen, die ganz bewußt, trotz der Schmähungen der Nachbarn und der hochgezogenen Augenbrauen der eigenen Mütter, verkünden, daß sie ein paar Tage ganz alleine wegfahren. Die Kinder können bei Papi bleiben, bei der Tante oder der Großmama oder ein paar Nächte bei Freunden unterkommen. Mami ist einfach mal nicht da. Das Ding im Korridor ist Mamis Reisetasche. *Auf Wiedersehen. Bis zum Montag.*

Ehe jetzt lauter Protest anhebt, wie man so etwas den armen Kindern antun kann, denken Sie erst mal nach: Mütter gehen ins Krankenhaus, um neue Babys zur Welt zu bringen. Manchmal sind sie deshalb eine Woche oder länger weg. Sie fahren weg, um ihre alten Eltern zu pflegen oder ihren Schwägerinnen mit den Babys zu helfen. Niemand käme auf die Idee, sie deswegen in Grund und Boden zu verdammen. Jeder gibt zu, daß Kinder, sofern sie einmal der Brust entwöhnt sind, kurze Trennungen von der Mutter ausgezeichnet überstehen, wenn die Beziehung an sich gut ist. Und daß sie eventuellen Unmut oder Unruhe sehr schnell wieder ablegen. Keiner verurteilt Sie, wenn Sie ein Familienmitglied pflegen oder ein weiteres Baby bekommen (nicht einmal, wenn Sie mit Ihrem Mann allein wegfahren), weil das alles ja schließlich gute Gründe sind. Solange sich Mütter mit Kindern für andere – egal für wen – aufopfern, stehen sie über jeder Kritik.

Männer stehen immer darüber. Ein Mann braucht schließlich seine Hobbys. Er braucht eine gewisse Zeit abseits von Frau und Kindern. Auch wenn er ohnehin den ganzen Tag nicht zu Hause ist, hat man Verständnis für das Segelwochenende mit seinen Freunden oder das Länderspiel in Italien. Aber die Mütter – das ist doch ganz etwas anderes. Als Mutter kann man sich doch nicht so einfach zum eigenen Vergnügen davonmachen, wenn man statt dessen Gurken in Hasenform schnippeln oder sich langatmige Geschichten von Roger Rabbit und all den anderen blöden Comics anhören sollte. Auch wenn Sie die übrigen dreihundertsechzig Tage im Jahr Ihren Mutterpflichten gewissenhaft nachkommen – ein Urlaub allein? Nein, da wird man dafür sorgen, daß Sie sich wie ein egoistisches Luder vorkommen. Und wir wollen jetzt diesen Unsinn ganz weit von uns weisen und klar, deutlich und selbstbewußt verkünden, daß ein Urlaub allein der Mutter, und damit auch der Familie, guttut.

Schließlich sind wir auch nur Menschen. Unter dieser Schicht von ewig freundlicher Mütterlichkeit und lächelnd-beruhigendem Sachwissen in allen Lebenslagen sind wir auch nur die unsicheren, hoffnungsvollen, abenteuerlustigen Mädchen von damals. Wir sind nicht unzufrieden, wir haben nicht vor, die Familie für immer zu verlassen, geschweige denn mit lüsternem Blick einen jungen Mann zu erobern. Nichts läge uns ferner! Es ist einfach nur ein wunderbares Gefühl, einmal für ein paar Tage das Leben, das wir so sorgfältig aufgebaut haben, hinter uns zu lassen. Auf Wiedersehen Haus, auf Wiedersehen Garten, auf Wiedersehen pädagogisch wertvolle Spielsachen, die zu pädagogisch wertlosen Haufen aufgetürmt sind, auf Wiedersehen Peter Rabbit, auf Wiedersehen Telefon, Babysittergruppe und Schulgeld im Umschlägen; auf Wiedersehen dem täglichen Kleinkram. Und weil die Kinder klein sind und höchstpersönlich die Verursacher des täglichen Kleinkrams sind, muß es auch ein Abschied von ihnen sein. Für ein paar Tage. Und auf Wiedersehen, Ehemann. Teils weil jemand die Stellung halten muß, und er das wahrscheinlich am besten kann, teils aber auch, weil jede verheiratete Frau gelegentlich aus dem Alltagstrott rauskommen muß, um sich zu erinnern, wer sie war, ehe sie Ehefrau und Mutter wurde.

Wohin soll's denn nun gehen? Kommt auf den Geschmack und den Geldbeutel an. Seit mein jüngstes Kind drei Jahre alt wurde, habe ich drei verschiedene Kurzurlaube ausprobiert. Beim ersten Mal startete ich zwei Tage vor dem alljährlichen Urlaub in Irland mit einem Zelt und einem Rucksack. Nachts schlief ich auf dem harten Boden, ganz allein auf einer entlegenen westlichen Insel, über mir nur den weiten Himmel. Der Vollmond erhellte die Nacht, Wolkenfetzen flogen über das Firmament. Tagsüber las ich *Pilgrim's Progress*, wanderte, kaufte mir auf den Bauernhöfen Ziegenmilch und brutzelte meine Würstchen im Regen auf Zeltpflöcken über einem winzigen Campingkocher. Gewaschen habe ich mich nicht viel, sprang aber jeden Tag von einem warmen, flachen Felsen in das eisige Meer und rannte dann so lange herum, bis mich der Wind getrocknet hatte. Es gab keinen Spiegel weit und breit. Manchmal kamen andere Camper oder Wanderer vorbei, und wir plauderten ein bißchen. Aber zwei ganze Tag lang hatte ich keinen Zeitplan, niemanden, den ich zufriedenstellen mußte. Ich war nur für mich allein verantwortlich.

Danach, ich schwöre es Ihnen, war ich für ganze achtzehn Monate eine bessere Mutter. Ich habe mich an Dinge, Gedanken und Freiheiten erinnert, die ich seit meiner Hippiezeit als Teenager vergessen hatte. Ich wurde mehr wie eine große Schwester und habe mich lange nicht mehr so über die unvorstellbare Unordnung im Spielzimmer aufgeregt. Bereitwilliger ließ ich mich zu verrückten Spielen überreden, erfand sogar selber welche und war nicht mehr so darauf fixiert, die Kinder pünktlich ins Bett zu bringen.

Als die Wirkung nachließ, verbrachte ich ein ausgelassenes Wochenende in Schottland mit einer alten Schulfreundin und dem Versuch, Skilanglauf zu lernen. Wir schliefen in einer Hütte mit ziemlich ernsthaften Teenagern, die Proust lasen, und brachten Schimpf und Schande über uns, indem wir mit dem Royal-Langlauf-Skiteam ausgiebige Zechgelage veranstalteten. Zu den Skigebieten wurden wir in einem abscheulichen roten alten Lastwagen gekarrt, wobei wir unanständige Lieder sangen und uns wieder wie sechzehn fühlten.

Als dieser Ausflug ein Jahr später nur noch eine wehmütige Erinnerung war, genehmigte ich mir eine ganze Woche, kratzte ein paar Ersparnisse zusammen und heuerte als zahlendes Crewmitglied auf einem Trawler zu den Hebriden an. Obwohl ich auf dieser Fahrt fast täglich eine halbe Flasche Scotch schluckte, mehr schlecht als recht versuchte, einer Pfeife Töne zu entlocken und bis ein Uhr morgens wehmütige Lieder zur gälischen Harfe sang, kam ich klaren Auges und vor Energie und Gesundheit strotzend nach Hause. Eigentlich fühlte ich mich nach all diesen unverantwortlichen Entgleisungen einfach wunderbar, nahm freudig mein ehrbares Leben wieder auf, schlief in einem richtigen Bett, trank brav nur alle vierzehn Tage ein Glas Wein und schnitt als besonderes Samstagabendvergnügen je zwanzig kleine Finger- und Fußnägel. Ich war viel netter zu meiner Familie als zuvor und hatte erwiesenermaßen weniger Wutanfälle. Für das nächste Mal plane ich eine längere Wanderung.

Sie müssen es natürlich nicht so extrem treiben. Aber ich rate Ihnen auch nicht, nur faul am Strand zu liegen. Denn dabei werden Sie ständig daran denken, wie sehr das den Kindern gefallen würde. Selbst auf einer Gesundheitsfarm haben Sie vielleicht zu viel Zeit zum Nachdenken und für Schuldgefühle. Ideal ist ein Projekt, bei dem Sie etwas *tun* müssen, etwas lernen, sich einer Herausforderung stellen können, die absolut nichts mit Ihrem normalen Leben zu tun hat. Einen Kletterkurs beispielsweise. Oder Russisch. Es gibt Kurse, in denen man lernt, wie man einen Pferdewagen lenkt, und andere, in denen man zirkusreif werden und Jonglieren, Stelzengehen und Einradfahren lernen kann. Jeder, der mit Kindern unter acht zurechtkommt, kann auch das alles lernen. Wenn es wirklich etwas Besonderes sein soll, dann gibt es Kurse, wo man Ihnen ein Stück Holz und einen Meißel in die Hand drückt. Nach ein paar Tagen haben Sie unter Anleitung eines Lehrers eine Lockente geschnitzt, die Sie als Erinnerung mit nach Hause nehmen können. Fehlt es Ihnen an Geld, dann können Sie einer alleine lebenden Freundin die Wohnung ausmalen und abends mit ihr essen gehen.

Sie bekommen viele lange Wochenenden für den Preis von zwei Paar Jeans. Suchen Sie sich einen Kurs für Studenten aus, oder – wenn Sie wirklich gar kein Geld haben – gehen Sie mit einigen Freundinnen oder einer vergessenen Kusine auf eine lange Wanderung. Bei einer Radtour können Sie für ein paar Mark auf einem Bauernhof übernachten, einen Zeichenblock mitnehmen und versuchen, ein passables Schwein zu zeichnen. Wenn Sie Wert auf angenehme weibliche Gesellschaft legen, in den Volkshochschulen gibt es Hunderte von Kursen. Viele Klöster bieten Unterkunft und Meditation an. Wollen Sie etwas für die Umwelt tun, dann schließen Sie sich einer Gruppe an, die freiwillige Helfer sucht. Sie können beim Restaurieren von alten Eisenbahnen helfen oder ein Feuchtbiotop anlegen.

Normalerweise machen das alles Studenten, aber es gibt absolut keinen Grund, warum eine weggelaufene Mami das nicht tun könnte. Eine langjährige Freundin von mir ließ ihre sehr anspruchsvolle Familie (fünf Kinder unter acht) ein langes Wochenende allein, um jungen Straffälligen beizubringen, wie man in Kanus über Stromschnellen hinwegschießt. Alle berufsmäßigen Sozialarbeiter waren danach völlig erschöpft, aber sie strahlte, weil es etwas so ganz anderes gewesen war.

Was immer Sie tun, es wird um so mehr bringen, je mehr Sie auf zufällig zusammengewürfelte Erwachsene treffen. Wie schrecklich, wenn man in seinem Umkreis nur mehr Eltern mit Kleinkindern hat, Erwachsene, die gleich alt sind und im gleichen Viertel wohnen. Schon *ein* Einradfahrer oder ein Bauer erweitern Ihren Horizont. Eine der schönsten Erfahrungen während meiner Trawler-Woche war, daß ich mit Teenagern und Rentnern an den Tauen stand, mit arbeitslos gewordenen Baumwollspinnereiarbeitern und Krankenschwestern, mit Einsamen und Schwachen. Plötzlich wurde mir wieder bewußt, daß es auch noch andere Menschen auf dieser Welt gibt als Mamis, Papis, Onkel, Tanten, Großmamas und Lehrer.

Und lassen Sie kein schlechtes Gewissen aufkommen. Schließlich kommen wir nach diesen Ausflügen frisch, fröhlich, aufgeschlossen und entzückt, die Kinder wieder zu sehen, zurück. Nach den paar Tagen Abwesenheit wundern Sie sich, wie nett sie sind, wie klug und schön und originell und liebevoll. Wie sagte doch der Dichter: *Was weiß der von England, der nur England kennt?* Wie können Sie die Freuden der Elternschaft genießen, wenn Sie jeden Tag mitten drin stecken?

Herbert Berger

Mutter ist zur Kur

Ausschnitte aus dem Brief des Sohnes an seine Mutter.

«. . . und so will ich Dir schreiben, damit Du Dir keine Sorgen um uns machst.

Es ist nun geklärt, wegen des blauen Bettlakens. Harald hat den blauen Tintenstift aus Versehen mit in die Wäsche getan, das kommt davon, daß er im Bett manchmal noch schreibt. Aber Du wolltest doch schon immer bunte Bettwäsche. Meine Pullover hat Papa zweimal aufgekocht, wegen den Teerflecken, jetzt passen sie Jürgen wie angegossen, wir staunten auch, wie klein sie geworden sind.

Die Stores im Wohnzimmer dagegen sind länger geworden, wir haben sie gleich abgeschnitten.

Papa ist unterwegs und kauft Dir ein schönes neues Kaffeeservice, Du wolltest schon immer ein anderes, sagt er. Na ja, der Küchenwandschrank ist heruntergefallen, weil Erna daran gehangen hat, als sie von dem Hocker rutschte. Papa wollte auch den Mixer reparieren, er ist noch dabei, ich glaube da wird allerhand übrig bleiben, wenn er fertig ist.

Hansi war fortgeflogen, aber wir haben ihn wieder aus dem Kamin geholt.

Denke nicht, daß wir andauernd fernsehen, da ist Papa sehr streng, na ja, jetzt ist sowieso auf allen drei Programmen Schneegestöber, weil die Antenne vom Dach heruntergefallen ist, das war aber auch ein Sturm.

Papa fragt mich immer, wie Du es machst, wenn Du braten tust, bei ihm spritzt das Fett bis an die Tapete.

Gestern haben wir den Milchreis nicht essen können, weil jemand anstatt Zucker Salz hingestellt hat. Es ist nicht schlimm, wir haben dann von der Bude Pommes frites geholt. Wir sparen an allem, auch an Strom. Im Wohnzimmer brennt nur eine Birne, weil der Leuchter heruntergefallen ist, Papa meint, zehn Lampen sind unnötig.

Papa hat uns am Sonntag Klöße gemacht, also die sahen aus, als wenn Du sie gemacht hättest, nur waren sie so hart, daß die Klöße im Teller richtig klapperten.

Aber um Papa nicht zu beleidigen, haben wir sie gegessen. Ich bin gespannt, heute mache ich das Mittagessen, es gibt Nudeln, aber ich glaube, es wird Mehlsuppe.

Ich schreibe Dir, damit Du weißt, es ist alles in Ordnung, denn Du sollst Dich doch gut erholen.

Wir haben sogar große Wäsche gemacht, nein, was haben wir da gelacht, es regnete und Papa wollte die Wäschespinne mit der Wäsche in die Garage tragen. Du brauchst keine Angst zu haben, wir waschen alles noch einmal.

Bei Papa kommt der Schaum aus der Waschmaschine, er sagt, das wäre manchmal so.

Die Blumen gießen wir regelmäßig, aber ich habe schon gesagt, es genügt, wenn einer von uns gießt, sonst wird in den Blumenkästen Pampe.

Neulich brauchten wir eine Sicherheitsnadel, schreib mal, wo die liegen, bei Erna war ein Zeh blau, sie wollte bügeln, und da ist das Eisen heruntergefallen. Jetzt ist der Zeh grün. Vorgestern war Onkel Albert auf Besuch, er ging aber gleich wieder, weil er keinen Kaffee bekam, sondern nur Brause, weil die Kaffeemaschine kaputt ist.

Wir freuen uns, wenn Du wieder kommst. Ja, sonst ist hier weiter nichts zu berichten.

Wir denken viel an Dich, und Papa sagt oft, daß er nicht begreifen kann, wie Du alles bisher geschafft hast.

Und so grüße ich . . .»

Irene Dikkers

Märtyrerin mit Schüttelfrost

Ich war krank. Es dauerte lange, bis ich es begriff, und noch länger dauerte es, bis die Familie es in seiner ganzen Tragweite erfaßte. Familienmitglieder sind meistens optimistisch und glauben an die Unverwüstlichkeit von Müttern.

Zittrig bewegte ich mich durchs Haus, führte mein Zittern aber auf das Wetter oder auf die Nachricht, daß Lotte (zu Recht) sitzenbleiben sollte, zurück. Aber das Zittern hielt auch an, als es draußen nach stundenlangem Regen hell und trocken wurde, und es hielt auch dann noch an, als wir uns darüber einig waren, daß wir uns aus der trostlosen Nachricht über Lotte nichts machen wollten. So was konnte schließlich in den besten Familien vorkommen. Winston Churchill, Albert Einstein, Rockefeller, um nur einige zu nennen, hatten zu ihrer Zeit ihre Lehrer auch zur Verzweiflung gebracht.

Sitzenbleiber («Bleibesitzers!» kreischte Freddy) konnten später im Leben noch gut zurechtkommen. Lotte war im Kindergarten Champion im Sackhüpfen gewesen, war die beste Sprinterin der Schule, sie konnte gut Kaffee kochen und Fratzen schneiden, und so etwas zählt doch auch im Leben, sagte Hans, der es wissen mußte, denn er war immerhin schon 15. Er fühlte sich eine Generation älter als Lotte, obwohl sie einmal zusammen im Laufgitter gesessen hatten, übrigens zu beider Mißvergnügen. Und jeder war geneigt, Lotte alles zu vergeben, weil sie mit Lungenentzündung im Krankenhaus lag, wie eine gefangene weiße Maus im Glaskäfig. Jeder war sofort und loyal bereit, völlig geschichtsfälscherisch zu lügen und zu sagen: «Lotte ist hängengeblieben, weil sie krank war.» Es stimmte zwar nicht, aber es schweißt einen zusammen, wenn man als Familie gemeinsam gegen die Welt antritt.

Das Zittern blieb auch, als ich mir die Sahara vorstellte oder eine Spritztour nach Singapur. Eine Freundin hatte mir mal beigebracht: Wenn du frierst, mußt du an warme Dinge denken und umgekehrt. Es half nichts. Ich dachte: Vielleicht bist du ein unbewußt unbefriedigter Mensch. Davon kann man Fieber kriegen. Sollte ich etwa Fieber haben? Gott, nein, eine Hausfrau hat doch nie Fieber! Das kann sie sich nicht erlauben. Trotzdem, ich werde mal Fieber messen, aber nur eine halbe Minute lang. Danach würde ich mich selber auslachen und fieberfrei bügeln und Essen machen und Freddys Haar waschen und zufrieden sein.

Ich hatte 39,4. Unentschlossen sah ich auf das Quecksilber. Dann tat ich, was unter diesen Umständen alle Frauen getan haben würden: Ich legte resolut das Thermometer weg, schmierte Lippenstift auf, um die Blicke von meinen wäßrigen Augen abzulenken, und ging Essen machen. Ich beschloß, still zu leiden, eine hausfrauliche Jeanne d'Arc, eine Märtyrerin mit Schüttelfrost und 39,4.

Eine halbe Stunde später lag ich zähneklappernd unter vier Decken. Das Essen war fertig und stand auf der Wärmeplatte. Auf dem Rasen spielten die Jungen Fußball. Mein Mann kam nach Hause. «Wo ist Mama?» Bis jetzt hatte mich niemand vermißt, wenn ich auch sonst während der Essenszeit 23mal Zimmer rein, Zimmer raus laufe. Mama ist weg. Was würden sie denken? Daß ich mit einem Mann nach Paris durchgebrannt war? Oder Kartoffeln holen im Supermarkt? Oder mit dem Hund raus, weil das alle mal wieder vergessen hatten?

«Mahhhma», schrien sie zu viert unten an der Treppe.

«Ja», rief ich zähneklappernd unter meinen Decken hervor. Es klang wie ein ängstliches Piepsen, aber sie hörten es. Sie stürmten die Treppe hinauf: Mann, Sohn, noch ein Sohn, Gast und Hund.

«Ich bin krank», sagte ich überflüssigerweise. Weil ich so mit den Zähnen klapperte, glich ich überhaupt nicht Jeanne d'Arc.

Von diesem Moment an wurde es ein Männerhaushalt. An diesem Abend aßen sie noch gut, zu Hause und an einem gedeckten

Tisch mit Blumen. Danach zogen sie mit kaum verhohlener Freude ins Hamburger-Restaurant oder zum Pommes-frites-Stand an der Ecke. «Arme Mama», sagten sie in der Tür und knöpften sich die Mäntel zu. «Sollen wir dir was mitbringen?» Ich schüttelte meinen roten Kopf. Einmal kochten sie die Kartoffeln selber, genau wie Eier, drei Minuten in kochendem Wasser.

«Ein bißchen hart», gab mein Mann zu, als er mir einen Becher Joghurt hochbrachte (es war Buttermilch, aber na ja).

«Steinhart. Man kann jemand damit erschlagen», kreischte Freddy aufgeregt. Kreischen war ihm zur Gewohnheit geworden. Wahrscheinlich konnte er sich nur so unter Menschen behaupten, die alle älter waren. Interessiert beugte er sich über mich. «Mama, was hast du für eine Gänsehaut, wie 'ne Zahnbürste.»

Einmal stolperte ich nach unten, um die dringendsten Küchenarbeiten zu erledigen. Bleich, elend und fiebernd kochte ich Kaffee, scheuerte Töpfe und machte eine Einkaufsliste. «Ach, Mama, fein, daß es dir wieder besser geht», sagte Hans, «gibt es heute abend Erdbeeren?» Später, als er mich wieder im Bett antraf, sagte er höchst erstaunt: «He, bist du wieder krank? Was fehlt dir denn nun schon wieder?»

Immer wieder polterten sie die Treppe hinauf und klopften energisch an meine Tür. «Mama, wo ist der Tee? – Der Zucker ist alle, was nun? – Freddys Latschen sind weg. Weißt du, wo sie sind? – Wieviel soll der Milchmann bringen?»

Das Zeugnis von Hans ist immer noch weg, genau wie Brieföffner und Eierschneider, und Lottes Unterhosen aus dem Krankenhaus liegen noch immer bei Vater im Büroschreibtisch. Gelassen – das hohe Fieber machte mich so weise zu denken, daß dies ja alles nicht so wichtig sei – philosophierte ich in meine Kissen, daß Aufräumen wohl die edelste und erbaulichste Aufgabe einer Mutter sei. Aufräumen und immer mit fotografischem Gedächtnis festhalten, wo verschiedene Dinge rumliegen: Latschen in der Rosenhecke, Füller in der Küche, Topflappen neben dem Teetablett, Rechnungen neben der Funkzeitschrift, Bonbons neben dem Knoblauchpulver. Völlig natürlich. In einem Haushalt hat alles stets eine etwas wunderliche Logik.

«Sie bleiben im Bett», schnaubte der Doktor. Aber ich bin wieder auf, denn die Ferienkoffer müssen weg, und es sind bestimmt noch 83 Hosen, Hemden, Waschlappen, Sandschippen, Taschenlampen und Wasserbälle mit Namen zu versehen. Das Fleisch ist alle, und die Jungens haben von Hamburgern und Pommes frites mehr als genug. Sie wollen Kirschenauflauf und Kartoffelsalat. Lotte kommt morgen nach Haus und muß unbedingt getröstet werden, nach 15 Tagen in einem sterilen Krankenhausbett, von dem aus sie ihren Brüdern, die hinter einer Glaswand schrien und Zeichen machten, allenfalls die Zunge rausstrecken konnte. Der Poststapel ist einen halben Meter hoch, Umschläge von Steuerbescheiden und Kontoauszüge noch im Kuvert. Mein Mann hält viel von einem unkomplizierten Leben.

Ich habe noch Fieber, aber danach fragt keiner. Ich sehe fürchterlich aus, aber das fällt niemand auf. Sie sind überglücklich, daß ich wieder unter ihnen bin. «Fein, daß ich dich wiedersehe», sagt Hans innig, «denn ich habe keine einzige saubere Hose mehr.» Lotte strahlt blaß von ihrem Stuhl. Mein Mann kann endlich wieder in Ruhe die Zeitung lesen. Und Freddy kreischt: «Ihr seid zwei Bleichgesichter! Und Glückspilze!»

Wir, Glückspilze? Arme Lotte mit Lungenentzündung und Sitzenbleiberzeugnis. Arme zerknautschte Mutter, bis zu ihrem letzten Atemzug verkannt, aber glücklicherweise schon wieder dabei, verlorene Latschen und Füller und Zeugnisse zu suchen und Hosen zu waschen. Wir – Glückspilze?

«Ja, Glückspilze!» grinst Freddy geheimnisvoll wie das Orakel von Delphi. «Wißt ihr, warum?» Er redet langsam, um Zeit zu gewinnen und die Spannung zu erhöhen: «Ihr müßt alle beide jetzt ganz viel Schlagsahne essen.»

Una Troy

Mami ist verschwunden!

Der Himmel bezog sich. Elsie und Cucullan gingen zerknirscht zurück. Die Nachmittagspost war durch die Briefklappe gefallen und lag verstreut auf dem Boden der Vorhalle. Die mausgrauen Umschläge schienen ihr nichts Gutes zu verheißen, sie ließ sie liegen: Nur einen drehte sie um – er sah so vertraut aus wie ein lebenslanger Feind. Ja, sie hatte richtig geraten: *Amtliche Zustellung.* Sie ließ ihn wieder fallen. Warum sollte sie ihn auch öffnen? Nachdem sie monatelang heiteren Sinnes die Steuerbehörde ignoriert hatte, war es jetzt zu spät, sich über Mahnungen aufzuregen. Sie würde noch früh genug für ihren Leichtsinn büßen müssen.

Sie ging zum Wohnzimmerfenster und blickte auf den Wagen, der den armen Polizeiwachtmeister Stapleton niedergemäht hatte. Ein wenig von seinem ursprünglichen Glanz hatte er leider eingebüßt – nun, alle Autos bekommen hie und da mal einen Kratzer ab, aber bei diesem sah man alles besonders deutlich, weil ihm, wie James so treffend bemerkt hatte, der Unterlack fehlte ... «Er ist aufs billigste herausgeputzt worden, Mutter, damit jemand ... jemand wie du, Mutter, auf ihn hereinfällt.» Auch ließ sich nicht leugnen, daß er einige Dellen abbekommen hatte, aber das konnte jedem passieren, und eigentlich waren sie kaum der Rede wert. Der Zusammenstoß mit Polizeiwachtmeister Stapleton hatte zum Beispiel keine Spuren hinterlassen.

Als ihr dieser unangenehme Zwischenfall wieder einfiel, bekam Elsie eine leichte Gänsehaut. Sie hatte eine kleine gemütliche Fahrt durch Richmond Park vorgehabt, zusammen mit Cucullan, der wie immer auf dem Vordersitz saß. Und gerade als sie über die Kreuzung fahren wollte, stoppte der Polizist die Wagen aus ihrer Richtung, und sie war – anstatt zu bremsen – zu ihrem größten Entsetzen auf den Polizisten losgeschossen, den sie umfallen sah, während sie mit knapper Not noch gerade an den entgegenkommenden Wagen vorbeiflitzte. Dann würgte sie den Motor ab. Als sie sich umdrehte, herrschte hinter ihr ein Chaos. Doch wenigstens rappelte sich der unglückliche Polizist wieder auf, äußerlich anscheinend unbeschädigt, aber in seinem Ehrgefühl tief verletzt, wie Elsie sofort feststellte, als sie reumütig aus dem Fenster zu ihm aufschaute.

«Es ist mir schrecklich unangenehm», sagte sie.

«Und es wird noch viel unangenehmer für Sie werden», schrie er sie wütend an.

Cucullan neben ihr gab ein warnendes Knurren von sich. Elsie tätschelte ihm beruhigend den Kopf, während sie in ihrer Handtasche nach Führerschein und Versicherungskarte kramte.

«Ich wollte natürlich auf die Bremse treten, Herr Wachtmeister, und nicht aufs Gaspedal.»

«Sparen Sie sich Ihre Ausreden für später auf.»

«Ich bin ja so froh, daß Ihnen nichts passiert ist. Ich hab Sie wohl gerade in einem sehr ungünstigen Moment erwischt.»

Seine Hand auf dem heruntergekurbelten Wagenfenster öffnete und schloß sich ungeduldig.

Ihr Führerschein und ihre Versicherungskarte steckten natürlich zu Hause in der anderen Handtasche, was Polizeiwachtmeister Stapleton keineswegs fröhlicher stimmte. Er wiederholte mehrmals laut und deutlich, was er von ihr dachte, und fuchtelte ihr mit der Hand vor der Nase herum. Und es war sicher nicht die Schuld des treuen, mutigen Cucullan, daß er die Situation falsch verstand und in die Hand des Gesetzes biß.

«Aber sie werden dir trotzdem die Schuld geben», sagte Elsie traurig zu ihm. «Dir und mir und dem Auto.» Ihre Familie würde unweigerlich auf den Zeitungsartikel hin geschlossen heute abend bei ihr anrücken, und es würde bestimmt ein sehr ungemütlicher Abend werden! Am besten, sie legte eine Generalbeichte ab, um alles auf einen Schlag loszuwerden, denn die Kinder würden es ja doch merken, sobald man ihr den Gerichtsvollzieher ins Haus schickte, um die Möbel abzuholen. Und Gott allein wußte, ob es dabei blieb. Elsie hatte eine unklare Vorstellung, daß ihr noch viel Schlimmeres blühen könnte. Die amtlichen Briefe waren immer unfreundlicher geworden. «Wir sind in Ungnade gefallen.»

Der Abend wurde genauso ungemütlich, wie Elsie es vorausgesehen hatte. Als ihre drei Kinder gemeinsam ankamen, wußte sie schon, daß sie sich vorher beraten und einen Schlachtplan ausgeheckt hatten.

Elsie und Cucullan begrüßten sie bedrückt. Elsie umarmte sie der Reihe nach, während Cucullan sich sofort in eine Ecke verzog, wo er sich diskret zusammenrollte. Dann standen sie alle verlegen herum, anstatt sich wie sonst gleich hinzusetzen und aufeinander einzureden. James begann: «Wir sind gekommen, weil . . .»

«Ich hab mir schon irgendwie gedacht, daß ihr kommen würdet, und deshalb frische Lebkuchen gebacken.»

«Vielen Dank, aber die essen wir . . . später. Zuerst, fürchte ich, müssen wir . . .»

Er sah so bekümmert aus darüber, daß er mit ihr schimpfen mußte, daß Elsie ganz aufgeregt herumlief, um es ihm möglichst bequem zu machen. Sie räumte Topfpflanzen und Fotos fort und wies auf den Tisch, wo die Zeitung mit dem unangenehmen Artikel zuoberst auf einem Berg von noch viel unangenehmeren Dokumenten lag.

«Ich wußte, daß du dahinterkommen würdest, James.»

Dina sagte: «Ach, Mami, warum hast du uns nur nichts gesagt? Es ist direkt beleidigend, daß du uns nicht um Hilfe gebeten hast.» Und Jill fügte hinzu: «Mami, wie kann man nur so *hinterhältig* sein!»

«Ja, vielleicht war es ein bißchen hinterhältig, andererseits bin ich mit dem netten Richter ganz gut alleine fertig geworden, und da hab ich gedacht, warum soll ich euch erst unnötig beunruhigen?» meinte Elsie – nicht ohne einen gewissen Stolz auf ihre brillante Selbstverteidigung vor Gericht.

«Und wie, meinst du, ist uns jetzt zumute?»

«Gar nicht gut, vermutlich. Es tut mir leid, daß es in die Zeitung gekommen ist, aber es ist sinnlos, sich über nun mal Geschehenes aufzuregen. Mich beunruhigt viel mehr», und hier nahm Elsie ihren ganzen Mut zusammen, «das, was noch kommt.» Sie zeigte auf den Haufen von Papieren, der auf dem Tisch lag.

«Und wo du jetzt schon hier bist, James, wärst du vielleicht so nett, dir das da anzusehen . . .»

«Versuch nicht, uns abzulenken, Mutter. Wir sind hergekommen, um dir zu sagen . . .»

«Ich glaube, wenn du dir das alles angesehen hast, wirst du mir noch viel mehr zu sagen haben, und mir wäre es am liebsten, wir brächten es möglichst rasch hinter uns.»

Er sah sie prüfend an, noch nicht ganz überzeugt, daß es nicht doch ein Ablenkungsmanöver von ihr war; trotzdem ging er zum Tisch hinüber und griff ein paar der Papiere heraus. Elsie erkannte sofort den roten Vordruck der letzten oder der vor- oder vorvorletzten Steuermahnung. Alles, was James in die Hand nahm, war rot, und sein Blick wurde immer verstörter. Er griff hier und da eine Rechnung aus dem Wust heraus und sah sie sich genauer an.

«Mutter, ich verstehe überhaupt nicht . . .»

«Ich weiß, James, ich auch nicht.»

«Eric kann wahrscheinlich Ordnung in dieses Durcheinander bringen, James», versuchte Dina zu trösten. «Du hast doch nichts dagegen, ihn einzuweihen, Mami? Schließlich wird er ja bald zur Familie gehören.»

James legte die Hand flach auf den Tisch.

«Niemand kann hier *Ordnung* hereinbringen, aber natürlich wäre ich sehr froh über seine Hilfe. Bist du sicher, daß dies nun *wirklich* alles ist, Mutter? Verheimlichst du uns jetzt auch nichts mehr?»

«O nein, James, das ist alles – soviel ich weiß.» Elsie hob die Augen zur Decke, senkte sie aber gleich wieder schuldbewußt. «Euer Vater», sagte sie bedrückt, «hatte so ein wunderbares Ablagesystem.»

Sie hatte es nicht wehmütig sagen wollen, aber anscheinend hatte es so geklungen, denn ihre Kinder riefen sofort: «Mami, bitte, mach dir keine Sorgen» und «Es wird schon alles wieder gut werden», und dann setzten sich alle hin und plauderten bei Tee und Lebkuchen über lauter heitere Sachen.

Beim Abschied sagte James: «Wir brauchen ein paar Tage, um die Papiere gründlich durchzugehen, bevor wir dir einen Rat geben können, Mutter.»

Elsie murmelte gefügig: «Ja, James.»

Der eigentliche Grund ihres Besuches war mit keiner Silbe erwähnt worden, aber jetzt ließ James seine Augen bedeutsam vom Wagen zu Cucullan wandern.

«Wir werden *eine Menge* zu besprechen haben, Mutter.»

«Ja, James.»

Eine Woche später hielten James, Dina und Jill ihrer Mutter eine Gardinenpredigt, deren Tenor streng, aber freundlich war. Es würde sich schon alles wieder einrenken, trösteten sie, und eigentlich träfe sie (abgesehen vielleicht von dem Wagen und Cucullan) gar keine Schuld. Sie hätte sich so daran gewöhnt, daß Vater alles für sie erledigte, daß sie natürlich nicht fähig gewesen wäre, ihr Leben selbst zu organisieren, aber das wäre nun alles vorbei, und von jetzt an nähme die Familie die Sache in die Hand.

Und sie fingen auch sofort damit an. James hatte sich zum Sprecher ernannt und war an diesem Tag dem teuren seligen Mr. Brown – seinem Vater – ähnlicher denn je. Erst hielt er ihr einen kleinen Vortrag über die Gefahren des Auf-zu-großem-Fuße-Lebens, und Elsie begriff, daß sie von nun an auf sehr winzigen Füßchen würde stehen müssen; dann sagte er: «So, und nun wollen wir die einzelnen Punkte durchgehen. Am allerwichtigsten ist, daß du dir den Rest deines Kapitals erhältst, und so haben wir drei beschlossen zusammenzulegen, um dir erst mal die Steuerbeamten vom Halse zu schaffen. Wir werden ihnen anbieten, deine Schulden in Raten abzuzahlen, und können nur hoffen, daß sie darauf eingehen.»

«Nein!» wehrte Elsie energisch ab und schüttelte vorwurfsvoll den Kopf über ihre lieben, großzügigen Kinder. «Es tut mir leid, daß ich dir gleich widerspreche, James, aber ich werde es auf gar keinen Fall zulassen, daß ihr auch nur einen Pfennig von eurem sauer verdienten Geld, das ihr wahrlich selbst braucht, dieser gierigen Behörde in den Rachen werft. Ha!» meinte Elsie herausfordernd. «Sollen sie doch kommen und mich ins Gefängnis stecken!»

«Das schlimme ist nur, Mami, daß sie genau das tun werden», prophezeite Dina. «Und stell dir vor, wie furchtbar peinlich das für uns alle wäre!»

James fuhr mit monotoner Stimme fort: «Der Wagen muß natürlich um jeden Preis verkauft werden.»

«Aber das ist doch sinnlos», rief Elsie triumphierend, weil sie ganz sicher war, ausnahmsweise ein stichhaltiges Gegenargument zu haben. «Als ich ihn kaufte, hast du selbst gesagt, daß er nur Schrottwert hat.»

«Wenn man sich so nach der Decke strecken muß wie du, liebe Mutter, dann ist auch der Schrottwert Geld. Du kannst es dir einfach nicht leisten, einen Wagen zu halten, und ganz abgesehen davon, Mutter, bist du einfach eine sehr schlechte Autofahrerin.»

«Auch der beste Fahrer kann mal einen Unfall bauen, und ich bin sicher, daß mir dieses Mißgeschick mit etwas mehr Erfahrung . . .»

«Vor allen Dingen», ergriff James wieder gewichtig das Wort, so daß man den Eindruck hatte, er würde in großen Buchstaben reden, eine seltene Gabe, die auch Mr. Brown besessen hatte, «mußt du diesen Hund loswerden.»

Elsie starrte «diesen Hund», der so ruhig in der Ecke lag, traurig an. Sie sagte unsicher: «James, bitte, er wollte mich doch nur verteidigen.»

Dina meinte mitfühlend: «Ich weiß, Mamilein, aber du mußt zugeben, es war wirklich furchtbar blöd von ihm, sich gerade einen Polizisten dafür auszusuchen.» Cucullan streckte sich und legte den Kopf auf die Vorderpfoten.

«Vielleicht genügt ein Maulkorb, James, glaubst du nicht?» schlug Jill vor und sah plötzlich sehr viel glücklicher aus. Cucullan schloß langsam und resigniert die Augen.

Elsie rief: «Unmöglich!»

James ignorierte den Ausruf, sah aber selbst schon froher drein, als er zustimmte: «Das ist eine ausgezeichnete Lösung, und ich muß offen zugeben, daß sie mir nicht eingefallen ist. Gut, Mutter, da du an diesem Tier so zu hängen scheinst, kannst du es, wenn du diese Bedingung annimmst, behalten.»

«James, du verstehst Cucullan nicht, du kannst ihn nicht so vor den anderen Hunden bloßstellen, es würde ihm das Herz brechen.»

James schüttelte den Kopf mit einem leicht tadelnden und sehr überlegenen Lächeln.

«Liebe Mutter, es tut mir leid, aber er hat nur die Wahl zwischen einem gebrochenen Herzen und einem schnellen Tod.» Elsie schwieg, und James fuhr fort: «So, und jetzt, nachdem wir die drei wichtigsten und dringendsten Fragen geklärt haben, können wir die Zukunft planen. Dein Kapital ist leider so zusammengeschmolzen, Mutter, daß dein Einkommen nie mehr so hoch sein wird, wie es war, aber das soll nicht heißen, daß du nicht genug zum Leben haben wirst – nur Luxus kannst du dir nicht mehr leisten.» Er lächelte aufmunternd. «Eric wird dir helfen, deine Ausgaben unter strenger Kontrolle zu halten.»

Es würde also wieder genauso sein wie zu Mr. Browns Zeiten. Jede Woche müßten die Haushaltsausgaben überprüft werden, und wie immer würde die Endsumme nicht stimmen – nur daß sie jetzt stimmen mußte, weil es keinen Mr. Brown mehr gab, der fünf gerade sein ließ und den Fehlbetrag ausglich. Nun, das würde sie schon allein hinkriegen! Sie bemerkte: «Ich werde mich nach einem Job umsehen, James. Das wird mir sehr helfen.»

Alle drei Kinder warfen sich Blicke zu, als ob sie sich fragten, was für eine Arbeit ihre arme alte Mami denn bloß im Sinne haben könnte. James meinte entschlossen: «Nein, Mutter, das lassen wir für den Moment mal lieber sein.» Es war ganz klar, daß die Kinder ihr gerade noch zutrauten, daß sie im Hause keine weiteren Dummheiten anstellte – und sogar das nicht mal ganz.

Endlich hörten sie auf, über all diese unerfreulichen Sachen zu reden, und blieben noch eine Weile sitzen, sehr liebevoll und fröhlich. Ach, sie verdiente es wirklich nicht, solche guten Kinder zu haben – und sie tat ihr Bestes, auch fröhlich zu wirken, aber kaum waren sie aus dem Hause, sank sie in sich zusammen und fühlte sich sehr einsam und sehr verloren. Aber nicht für lange, denn Cucullan fing an, ärgerlich zu bellen, und sie richtete sich energisch wieder auf. Plötzlich kam ihr die rettende Idee. Ihr Gehirn arbeitete jetzt auf Hochtouren. Ein Plan nahm feste Umrisse an – sehr verschieden von dem, den James für sie entworfen hatte.

Am nächsten Tag wurden Elsies Kinder zwischen Sorge und Ärger hin und her gerissen. Seit Stunden schon brüteten die drei Strohwaisen über dem Abschiedsbrief ihrer Mutter und suchten vergeblich nach irgendwelchen Anhaltspunkten, wo sie hingefahren sein könnte.

«Meine liebsten und besten Kinder, lieber lande ich im Gefängnis, als daß ich Euch erlaube, meine Einkommensteuer zu zahlen. Und so tue ich das einzig Vernünftige und gehe an einen Ort, wo die Steuerbehörde mich nicht fassen kann und wo ich Arbeit finde, damit ich meine Schulden selbst bezahlen kann.»

«Vernünftig!» Dina schob den Brief weg. «Selbst angenommen, Mami *würde* eine Arbeit finden, so muß sie doch *wissen,* daß sie unfähig ist zu sparen. Also, warum hat sie uns das angetan?»

«Wir haben sie zu sehr gepiesackt», behauptete Jill. «Wir haben sie ganz durcheinandergebracht. Ich meine, sie liebt uns, sie hätte uns das nie angetan, wenn wir sie nicht ganz verrückt gemacht hätten.»

James nahm den Brief in die Hand und konzentrierte sich zum x-tenmal auf seinen Inhalt.

«. . . wo die Steuerbehörde mich nicht fassen kann . . .»

«Das heißt irgendwohin, wo sie *glaubt,* daß sie es nicht können. Also irgendein europäisches Land kommt da nicht in Frage, weil . . . schaut euch mal das Postskriptum an!» Jedesmal, wenn sie es wieder lasen, gab es ihnen einen Stich ins Herz: *Cucullan möchte keinen Maulkorb tragen.*

«Sie weiß, daß sie diesen schrecklichen Hund in Quarantäne geben müßte, wenn sie zurückkommt, und das würde sie ihm nie antun.» Dinas Stimme zitterte. «Das heißt, wenn sie überhaupt vorhat zurückzukommen.»

James reagierte scharf: «Also bitte, wir wollen jetzt mal mit *Vernunft* an die Sache herangehen!» Er klopfte mit dem Finger auf den Brief. «‹Ich will erst mal von der Bildfläche verschwinden, um Euch zu beweisen, daß ich durchaus in der Lage bin, auf eigenen Füßen zu stehen, wenn es sein muß, und deshalb verrate ich Euch auch vorläufig meine Adresse nicht.› Du siehst also, sie hat vor zurückzukommen.»

Dina stöhnte: «O Gott, bitte, James, du mußt sofort zur Polizei gehen.»

Mit einem betont geduldigen Tremolo in der Stimme sagte James: «Wie oft muß ich euch eigentlich noch erklären, daß keine Polizei der Welt einen gesetzestreuen Erwachsenen dazu zwingen kann, in den Schoß der Familie zurückzukehren?»

«Also gut, aber ihr tut geradeso, als gäbe es keine Vermißtenanzeigen», meinte Dina, «oder vielleicht könnten wir eine Suchaktion durchs Radio starten: Mrs. Elsie Brown, die wahrscheinlich im Wagen . . . oh, irgendwo! . . . unterwegs ist, möchte sich sofort bei der nächsten Polizeistation melden . . .»

«Zu einfach», widersprach Jill. «Ich würde mich für Mami schämen, wenn sie auf so'n dummen Trick hereinfiele.»

«Richtig», stimmte James herablassend zu. «Abgesehen davon, wäre es von uns sehr unüberlegt gehandelt. Wir würden damit die Sache nur an die große Glocke hängen, was wir doch gerade vermeiden wollen. Ich persönlich vermute, daß Mami nichts Schlimmeres zustoßen wird, als daß sie in irgendeiner gottverlassenen Gegend ohne Benzin steckenbleibt, sagen wir in Yorkshire . . . oder vielleicht in Schottland.» Dann fügte er in einem äußerst schroffen und unangenehmen Ton hinzu: «Und recht würde es ihr geschehen für soviel Falschheit und Hinterlist.»

Dinas Gesicht hellte sich auf.

«Ja, und weit wird sie mit der alten Kaffeemühle sowieso nicht kommen. Die bricht sicher schon nach ein paar Kilometern zusammen.»

«Genauso wird's sein, Gott sei Dank!» Jill lachte etwas unsicher. «Trotzdem ist es nicht leicht, so tatenlos herumzusitzen und auf sie zu warten.»

«Uns bleibt gar nichts anderes übrig», resignierte James, «zum Glück wissen wir, daß sie dort, wo immer sie ist, nicht lange bleiben kann, weil sie nicht genug Geld bei sich hat.»

Elsie Brown, ihr Hund und ihr Auto waren in Dooneen, in Irland.

Elsie hatte genug Zeit zum Nachdenken gehabt, und je länger sie sich ihren Plan hatte durch den Kopf gehen lassen, desto genialer war er ihr vorgekommen: Die Irische Republik war natürlich an und für sich schon der ideale Zufluchtsort für Elsie Brown, geborene O'Leary – es war Ausland, ohne das Unheimliche und Erschreckende eines fremden Landes zu haben. Aber in ihrer augenblicklichen Lage hatte ihr Geburtsland noch einen anderen unbezahlbaren Vorteil: Sie war dort vor der englischen Steuerbehörde sicher.

Sie hatte in den letzten fünfundzwanzig Jahren nicht viele Gedanken an ihre Heimat verschwendet, doch jetzt wuchs sie ihr täglich mehr ans Herz. Es war ein so praktisches kleines Land, und der praktischste Ort für sie hieß natürlich Dooneen. Obwohl ihre Großeltern schon lange tot waren und das Hotel in anderen Händen, mußten doch Menschen dort leben, die sie von früher her kannten, und das würde ihre Arbeitssuche wesentlich erleichtern, weil das lästige Getue mit den Empfehlungsschreiben fortfiel, das anderswo eine so große Rolle spielte. Und wenn sie erst mal Arbeit hätte – und sie konnte sich nicht vorstellen, daß eine reife, gesunde Frau, die bereit war zuzupacken, so nutzlos, so ein Hemmschuh sein sollte, wie ihre Kinder ihr weismachen wollten –, wäre alles weitere nur ein Kinderspiel. Sie würde in Dooneen bleiben und nicht einen Pfennig von ihrem Gehalt ausgeben (außer natürlich für Hundefutter und Benzin), bis sie genug gespart hatte, um alle ihre Schulden auf Heller und Pfennig zu begleichen. Und dann, wenn sie ihnen gezeigt hätte, *wie* fest sie auf eigenen Füßen stehen konnte, würde sie nach London zurückkehren, um dort bis an ihr seliges Ende frei, aber sehr vernünftig zu leben.

Sie hatte keine Minute an der Richtigkeit ihres Vorhabens gezweifelt und gewußt, daß sie die ideale Lösung all ihrer Schwierigkeiten gefunden hatte – und trotzdem, als es dann soweit war und sie den Abschiedsbrief an den Teekessel lehnte, wurde ihr doch etwas mulmig zumute. Denn ganz gleich, wie oft sie sich auch sagte, daß ihre Kinder sich um sie keine Sorgen zu machen brauchten, wußte sie genau, daß sie es doch tun würden. Und natürlich mußte der melodramatische Abgang, zu dem sie gezwungen war, alles noch verschlimmern. Die Kinder würden sie für noch närrischer halten, als sie es sowieso schon taten, und ganz aus dem Häuschen geraten. Aber ihr blieb gar keine Wahl. Wenn die Familie von ihrem Plan Wind bekäme, würde sie ihn liebevoll, aber energisch vereiteln; wenn sie ihren Aufenthaltsort wüßten, würden sie sie zurückholen und sie liebevoll, aber energisch für den Rest ihres Lebens bevormunden. Jedes ihrer Kinder führte, was auch ganz richtig war, sein eigenes Leben, und was sie jetzt tat, würde keinem weh tun; für sie aber war es die letzte Chance, ihr Leben selbst in die Hand zu nehmen. Und so sehr sie ihre Kinder auch liebte, war ihr der Gedanke, von ihnen für die nächsten dreißig Jahre so liebevoll, aber energisch herumkommandiert zu werden, einfach unerträglich. Dies war, kurz zusammengefaßt, ihr Problem, und sie wiederholte sich immer wieder, daß sie im Recht war – was aber nicht ausschloß, daß sie sich schuldig und einsam fühlte.

Als sie von der Rooslare-Fähre herunterkamen und die Wexforder Uferstraße entlangfuhren in Richtung Dooneen, wichen ihre letzten Bedenken wie die Nebelschwaden, die sich jetzt am Horizont verzogen. Das Meer glitzerte in dem frühmorgendlichen Sonnenschein, der Wagen benahm sich tadellos, und Cucullan, dem die Seereise nicht besonders gefallen hatte, schlief friedlich neben ihr. Der Morgen war heiter und die Seebrise erfrischend, und Elsie hatte das Gefühl, daß mit jedem Kilometer, der sie näher an die Stätte ihrer Kindheit brachte, die Jahre eins nach dem anderen von ihr abfielen, bis sie fast den Eindruck hatte, sie sei wieder siebzehn und stünde am Anfang des Abenteuers, das man Leben nennt. Einige Male rief sie sich selbst streng zur Ordnung, indem sie sich vorhielt, daß sie in Wirklichkeit eine verschwenderische Großmutter sei, die von nun an im

Schweiße ihres Angesichts ihr täglich Brot verdienen mußte – aber es war alles umsonst. Sie konnte nur nicht singen, weil sie Angst hatte, Cucullan zu wecken, aber in ihrem Inneren klang eine Melodie.

Als sie die Felsenstraße nach Dooneen hinunterfuhr, dessen Häuser sich um den kleinen Hafen gruppierten, schien ihr alles unverändert, aber als sie in den Ort hineinkam, machte er einen sehr viel wohlhabenderen Eindruck auf sie als früher. Vor fünfundzwanzig Jahren war es selbst im Sommer hier ziemlich ruhig gewesen, doch nun sah sie ein kleines Kasino, Eisbuden, sogar ein Tanzcafé und ein paar ziellos herumwandernde Gestalten, die unverkennbar Touristen waren. Dooneen hatte also offensichtlich den Ehrgeiz, ein Ferienkurort zu werden. Und so war sie auch nicht weiter erstaunt, als sie entdeckte, daß man das kleine, aber ehrlich gesagt etwas schmuddelige «O'Learys Familien-Hotel» vergrößert, modernisiert und in «Dooneener Hof» umbenannt hatte.

Sie hatte sich eigentlich vorgenommen, erst mal ein paar Tage auszuruhen und alte Bekanntschaften wieder aufzufrischen, bevor sie sich auf Arbeitssuche begab, aber sie hatte nicht vorausgesehen, daß sie diese Tage in einem Fast-Luxus-Hotel verbringen müßte. Doch als sie ins Hotel hineinging, spürte sie sofort, daß die alte freundliche O'Leary-Familienhotel-Atmosphäre trotz all der Neuerungen – Nußbaumimitationen, große Plastiklüster und eine schwarzgekleidete Empfangsdame, genauso wie in London, wo man sie offenbar in Serie herstellt – dieselbe geblieben war. Der Besitzer und seine Frau standen zufällig beide an der Rezeption, und irgendwie kamen sie sofort ins Gespräch – genau wie zu Omas und Opas Zeiten.

Die Blaneys hatten das Hotel erst nach Elsies Heirat übernommen, und so war sie ihnen fremd, aber sie freuten sich ganz offensichtlich, als sie erfuhren, wer sie war, und sorgten dafür, daß sie eins der besten Zimmer nach vorne heraus bekam.

«Das kleine Zimmer über der Küche war meins», erinnerte sich Elsie, «ist es trotz des Umbaus noch da?» – «Ja, natürlich», antworteten sie ihr, zur Zeit schliefe der Barkeeper dort. Sie schaute sich um. «Die Bar – war irgendwo da!» meinte sie und wies mit dem Finger in die entsprechende Richtung. «Ich habe in der Bar serviert, aber auch gelegentlich im Speisesaal ausgeholfen. Der ist dort – nicht wahr?»

«Ach, die guten alten Zeiten», seufzte Mr. Blaney, «doch man muß sich anpassen, heutzutage ist Tourismus Trumpf! Ich bin sicher, Ihre Großeltern hatten nicht soviel Ärger mit dem Personal wie wir jetzt. Nehmen Sie nur mal unseren Barkeeper! Er wäre unser bester Kunde, wenn er zahlen würde! Im Vertrauen gesagt: Wir sind froh, wenn er am Abend noch auf den Beinen steht. Aber was sollen wir machen? Man kriegt eben kein Personal mehr – weder für Geld noch für gute Worte.»

«Und es wird immer schlimmer.» Mr. Blaney blickte mißtrauisch auf die Serien-Empfangsdame, als ob sie ihm jede Sekunde abspenstig gemacht werden könnte. «Wahrscheinlich ist das der Preis, den wir für den Fortschritt zahlen müssen!» Elsie warf dazwischen, daß der aber überall zu zahlen sei. «Ja, und das ist erst der Anfang!» prophezeite Mr. Blaney. «Sie werden Bauklötze staunen, wenn Sie erst von unseren Zukunftsplänen hören!»

Seine Frau lachte. «Ja, meine Liebe, es dauert nicht mehr lange, und Dooneen wird die Riviera überflügelt haben.»

Jetzt lenkte Cucullan die allgemeine Aufmerksamkeit auf sich, indem er auf einen Sessel sprang. Elsie nahm ihn sofort wieder herunter. Sie sagte nervös: «Ich hoffe, Sie haben nichts gegen Hunde. Er ist wirklich sehr gehorsam – na, sagen wir: ziemlich gehorsam –, und ich kann Ihnen versprechen, daß er vollkommen stubenrein ist.» Die Blaneys starrten ihn wortlos an. Komisch, aber die meisten Leute schienen nicht zu wissen, was sie sagen sollten, wenn sie Cucullan zum erstenmal sahen. «Er hat einen wunderbaren Charakter», versicherte Elsie. Der schlaue Cucullan streckte eine Pfote vor und gab sich redlich Mühe, wie ein Schoßhündchen auszusehen.

Mr. Blaney grinste. «Liebst du mich, dann lieb auch meinen Hund, nicht wahr, so heißt es doch? Nein, nein, wir werden ihn nicht vor die Tür setzen, das könnten wir Ihnen ja gar nicht antun, Mrs. Brown.»

Elsie verabschiedete sich mit vielen Dankesbezeugungen, als andere Gäste hereinkamen, deren die Blaneys sich annehmen mußten. Ein kleiner Page – ein Hotelpage in Dooneen! – führte sie und Cucullan auf ihr Zimmer. Cucullan sprang sofort aufs Bett – aber auch der gescheiteste Hund braucht schließlich ein oder zwei Tage, um ein tadelloser Hotelhund zu werden! Elsie scheuchte ihn schnell wieder herunter – und der nette kleine Page tat, als ob er nichts gesehen hätte, und verließ sie mit einem verschwörerischen Grinsen auf den Lippen.

Endlich in Sicherheit! Elsie holte tief Atem und blickte sich im Zimmer um, dann ging sie zum Fenster, schaute auf das glitzernde Meer und schließlich auf Cucullan.

«Im sicheren Hafen nach stürmischer Fahrt», sagte sie dankbar.

Herbert Schneider

Wie man eine brave Mutter glücklich macht

Wie nicht anders zu erwarten, haben auch die Maiers eine Mutter. Sogar eine recht brave Mutter, die sich verzehrt im Dienste der Familie, eine unermüdliche Dienerin am Herde und am Staubsauger. Sind aber wirklich einmal keine Schuhe mehr zu putzen, keine Hemden mehr zu bügeln, keine Hausaufgaben für die Töchter zu erledigen, gibt es auch keinen Holler oder billige Kirschen einzuwecken und sind zufälligerweise keine Flecken auf den Möbeln, die wegpoliert werden müssen, dann nimmt sich die brave Maier-Mutter das Strickzeug vor und nadelt Wintersokken für die armen Heidenkinder. Da kann Sohn Hubert, der schlaue Gymnasiast, hundertmal sagen, daß die Heidenkinder keine Wintersocken brauchen, die Maier-Mutter lächelt bloß und erklärt, daß sie im Missions-Kalender gelesen habe, daß die Nächte dort unten oft recht kühl seien. Und bald darauf hat der Socken seine Ferse.

Natürlich wissen die Maierischen, was sie an einer solchen Mutter haben. Als einigermaßen anständige Menschen unternahmen sie von Zeit zu Zeit Versuche, sie in ihrem rastlosen Aufopferungsdrang zu bremsen. Vergebens! Eines Abends aber, als die Maier-Mutter, bei ihrer erkrankten Nachbarin putzend, einen kleinen Schwächeanfall erlitt, bekamen sie Oberwasser und meinten, daß es so nicht weitergehen könne. Vor allem der Vater, der sich von seiner Frau umhegen und bedienen ließ wie ein regierender Fürst, tobte und fragte sie in aller Schärfe, ob sie sich sehenden Auges zugrunde richten wolle, ja oder nein?

Die Maier-Mutter lächelte, aber das Lächeln erstarb auf ihren

Lippen, als die Familie das Urteil über sie fällte: vier Wochen aufs Land zur Erholung!

Nach erbitterter Gegenwehr fügte sich die Maier-Mutter endlich, unter der Voraussetzung, daß sie vorher noch Keller und Speicher putzen dürfe. Voll Ingrimm willigte die Sippe ein.

«Ihr Ärmsten!» Mit diesem tränenreichen Aufschrei verabschiedete sie sich eine Woche darauf von Mann, Sohn und Töchtern am Bahnhof. In makellosem Weiß flatterte ihr Taschentuch davon in Richtung würzige Bergluft, und vier ebenso makellose weiße Taschentücher blieben winkend auf dem Bahnsteig zurück. Die Maier-Mutter hatte gestern noch gewaschen und gebügelt.

Die Maierischen fügten sich weit besser in die mutterlosen Umstände, als man hätte erwarten können. Die Töchter machten die Betten tadellos, spülten auch fleißig das Geschirr, wischten und saugten Staub, und Teenager Hilde, als faul verschrien, holte eines Nachmittags sogar einen angefangenen Wintersocken für die Heidenkinder hervor und strickte als Fleißarbeit einen Vorderfuß daran. Sohn Hubert hatte den allergrößten Spaß, am Abend zu kochen und zu braten, jedesmal gab es andere Leckerbissen, und so raffiniert ging er dabei zu Werke, daß stets für den folgenden Tag ein Mittagessen für die Geschwister übrigblieb. Sogar als ihm die Dampfnudeln nur zwei Zentimeter hoch gerieten, schmeckten sie ihnen nicht schlecht, und der Vater meinte, dies seien die ersten Dampfnudeln, die einen «Biß» hätten.

Überhaupt, was den Vater Maier anlangte, so war er gar nicht so hilflos, wie man angenommen hatte. Er konnte zum Beispiel folgende schwierige Arbeiten, die bisher stets die Maier-Mutter für ihn erledigt hatte, ganz gut selber verrichten: ein Oberhemd aus dem Schrank nehmen, überziehen und zuknöpfen, Hosenträger vorne und hinten einknipsen, Zucker und Milch in den Kaffee tun und mit dem Löffel umrühren, ein Brot mit Butter bestreichen und einen gewaschenen Apfel in die Aktenmappe legen. Wie staunten seine Sprößlinge aber erst, als er sich auch als ausgezeichneter Schuhputzer entpuppte und sich sogar seine Zehennägel eigenhändig schneiden konnte.

Frohgemut und wahrheitsgemäß wurde nach der ersten Woche

in die Berge gemeldet, daß alles zum besten stünde, der Haushalt wie am Schnürchen liefe und alle sogar schon zwei bis drei Pfund zugenommen hätten. Die Mutter möge ruhig noch eine Woche länger bleiben.

Darauf kam eine recht seltsame Karte. Ob man die Freiheit daheim auch recht genieße? Und wenn sie daheim ohne sie so gut zurechtkämen, könne sie ja gerne zwei Wochen länger bleiben. Es grüßt eure Mutter.

Als die Maierischen dies lasen, schauten sie sich an wie die Schwaiberl, wenn's blitzt. Selbst der Erika, die doch erst in die vierte Klasse geht, war aufgefallen, daß Mutter diesmal nur grüßte. Und nicht herzlich grüßte und küßte. Als einziger erfaßte Sohn Hubert, der als Gymnasiast schon einmal etwas von Psychologie gehört hatte, die Situation, rückte seine Brille zurecht und dozierte:

«Unsere liebe Mutter befindet sich augenscheinlich in einer Konfliktsituation. Einerseits möchte sie zwar, daß zu Hause alles in Ordnung ist, andererseits wünscht sie im Unterbewußtsein, daß wir ohne sie nicht zurechtkommen und der Haushalt zusammenbricht. Unser Brief war daher völlig unpsychologisch, ja, er muß direkt gemein genannt werden. Es ist unsere Pflicht, unsere gute Mutter wieder moralisch aufzurüsten.»

Jetzt endlich ging auch dem Maier-Vater ein Licht auf. Sie berieten sich und schrieben dann, jedes für sich, einen Brief.

Liebe Mutti (so schrieb Erika), wann kommst Du endlich wieder heim? Hubert kocht uns jeden Tag ein Essen, daß uns graust! Und Vater ist gestern mit zwei verschiedenen Schuhen ins Geschäft gegangen, erst beim Heimkommen haben wir es gemerkt . . .

Liebe Mutti (so schrieb Hilde), stell Dir vor, Erika hat jetzt schon den zweiten Vierer in der Rechenprobe bekommen, seit Du nicht mehr die Hausaufgaben mit ihr machst. Hubert hat gestern die Pfannkuchen verbrannt, weil er nebenbei ein Buch gelesen hat. Wir haben sie in die Aschentonne werfen müssen . . .

Liebe Mutter (so schrieb Hubert), ich geh jetzt jeden Abend zu meinem Freund Willi, seit Du nicht mehr daheim bist. Irgendwas fehlt. Vater ist auch schon ganz blaß. Er kommt uns recht verändert vor . . .

Liebe Rosa (so schrieb der Maier-Vater), anfangs haben wir geglaubt – siehe unseren ersten Brief –, daß wir es ohne Dich schaffen könnten, aber es geht halt doch nicht. Die Kinder haben furchtbar Zeitlang nach Dir, und auch ich muß sagen . . .

Auf diese wunderschönen Briefe kam eine Karte, auf der die Maier-Mutter ihre Lieben tausendmal grüßte und küßte. Haltet nur noch eine kleine Weile aus, schrieb sie, ich hab mich schon so prächtig erholt, daß ich eine Woche früher als vorgesehen zurückkommen kann.

Sie ist eben nicht zu ändern, seufzten die Maierischen und wischten sich verstohlen die Tränen aus den Augenwinkeln. Wir wollen ihr einen würdigen Empfang bereiten, sagte Vater. Ja, jubelten die Schwestern, wir putzen die Wohnung, daß nicht das kleinste Stäubchen mehr zu entdecken ist, waschen, flicken und bügeln alle Wäsche, überziehen die Betten frisch und backen einen Gesundheitskuchen.

Unsinn, sagte Hubert überlegen, wir wollen sie lieber psychologisch empfangen. Auf den Erfolg seiner Briefaktion pochend, setzte er seine Vorstellungen auch durch. Bald begann in der ganzen Wohnung eine vergnügte Tätigkeit.

An dem Tag, an dem die Maier-Mutter zurückkehrte, schminkte Hilde die Familie auf blaß und legte dem Vater dunkle Schatten unter die Augen. Dann zerknitterten alle ihre Kleider und Mäntel, zerknüllten die Hüte und eilten auf den Bahnhof.

Oh, wie weinte da die Maier-Mutter glückselig auf, als sie ihre Lieben so armselig und verlottert auf dem Bahnsteig stehen sah! Was müßt ihr gelitten haben, während ich die Hände im Schoß gefaltet hatte, rief sie. Schnell heim, damit ich euch gleich eure Leibspeise koche!

Als sie durch die Wohnungstüre gingen, stolperten sie über einen Berg schmutziger Wäsche. Die Augen der Maier-Mutter leuchteten freudig auf. Ich hab schon so etwas Ähnliches geahnt, murmelte sie. Als sie in die Küche trat, stockte ihr aber doch einen Augenblick lang der Atem: auf dem Boden lagen zerbrochene

Teller und Tassen, die Fensterscheiben waren rußverschmiert, das Geschirr nicht gespült, die Vorhänge kohlschwarz, der Boden bedeckt mit kalten Bandnudeln und Zigarrenstummeln. In den anderen Zimmern sah es nicht besser aus.

Der Haushalt läuft wie am Schnürchen, zitierte die Maier-Mutter triumphierend aus jenem ersten Brief. Dann lachte sie, bis ihr die Tränen kamen.

Und flugs schlüpfte sie in einen Wickelschurz und begann mit leidenschaftlicher Hingabe aufzuräumen. Und was bisher noch nie der Fall gewesen war: alle packten mit an. Die Schwestern trällerten dabei die neuesten Schlager, und Vater und Hubert blinzelten sich vergnügt an.

Gegen eine Mutter wie die Maier-Mutter kann man eben nichts machen! Höchstens sie manchmal psychologisch behandeln und im übrigen – gern haben.

Jeder Tag ist Muttertag . . .

H. G. Schwieger

Die Einführung des Muttertages

In einem Sanatorium in Pennsylvania starb 1948 eine vierundachtzigjährige Frau, die sich viele Jahre zuvor resigniert von der Welt zurückgezogen hatte, in der sie vier Jahrzehnte lang ihre größte Aktivität entwickelt hatte. Ihr Name, Anna Jarvis, wäre wahrscheinlich längst in Vergessenheit geraten, wenn man sich nicht ihrer als der geistigen Urheberin des «Muttertages» gelegentlich erinnerte. Anna Jarvis wird als ungewöhnlich reizvolle, schöne Frau geschildert. Eine Enttäuschung in ihrer Jugend hatte sie von der Heirat abgehalten. Von Hause aus vermögend, studierte sie und wurde Lehrerin in ihrem Geburtsort Grafton. Später siedelte sie mit ihrer verwitweten Mutter und ihrer jüngeren blinden Schwester nach Philadelphia über, wo sie zwanzig Jahre in der Werbeabteilung einer Versicherungsgesellschaft tätig war.

Am zweiten Sonntag im Mai des Jahres 1905 starb ihre Mutter. Das war für Anna Jarvis ein schmerzlicher Verlust, der für sie zugleich zum Beginn eines neuen Lebensabschnitts wurde, weil ihr in der Zeit der ersten aufwühlenden Trauer der Gedanke kam, einen «Muttertag» einzuführen. Mit ihrem ererbten Vermögen begann sie einen Feldzug für die Idee, allen Müttern schon zu Lebzeiten an einem besonderen Tag des Jahres Ehrerbietung und liebevolle Zuneigung zu bezeigen. Bei der Verwirklichung dieses Gedankens kamen ihr die in ihrer Werbetätigkeit gesammelten Erfahrungen zugute. Von ihrem Haus aus unternahm sie eine der wohl erfolgreichsten brieflichen Kampagnen, die die Geschichte der Werbung zu verzeichnen hat. Sie schrieb an Frauenvereine, Abgeordnete, Geistliche, Gouverneure, Industrielle – kurz an alle, von denen sie sich Einfluß versprach. Sie verfaßte Broschüren, die sie drucken und unentgeltlich verteilen ließ. In zahlreichen Städten hielt sie Vorträge über ihren Plan. Daß ihr Vermögen dabei zusammenschmolz, machte ihr nichts aus.

West-Virginia war der erste nordamerikanische Staat, der ihre Anregung aufnahm. Pennsylvania und andere Staaten folgten. 1914 gewann sie Abgeordnete von Alabama und Texas dafür, im Kongreß ein Gesetz zur Einführung des Muttertages in den ganzen Vereinigten Staaten zu beantragen. Kongreß und Senat nahmen die Vorlage an, und Präsident Wilson unterzeichnete einen Erlaß, der dazu aufrief, den zweiten Sonntag im Mai – den Todestag ihrer Mutter – als «Muttertag» einzuführen. Eine weiße Nelke – die Lieblingsblume der Mutter von Anna Jarvis – wurde zum Symbol der Aktion.

Beflügelt von der Begeisterung über ihren Triumph ging Anna Jarvis daran, die gleichen Bemühungen auf internationaler Ebene fortzusetzen – mit dem Erfolg, daß sich noch zu ihren Lebzeiten vierundvierzig Länder dieser Idee anschlossen.

Nur zu bald freilich mischte sich ein Wermutstropfen in die Freude über solchen Erfolg. Enttäuscht schrieb sie an Hunderte von Zeitungen: «Die Leute machen ein Geschäft aus meinem ‹Muttertag›. Das habe ich nicht gewollt. Es sollte ein Tag des Herzens und nicht des Geldbeutels sein.»

Johannes Mario Simmel

Hinweis für Leute mit Müttern

Sie könnten der Meinung sein, an diesem Montagmorgen sei es noch zu früh, über die Angelegenheit zu sprechen. Wir geben Ihnen recht, weisen jedoch darauf hin, daß es am nächsten Montagmorgen bereits zu spät wäre. Sie wissen schon, wozu.

Sie wissen es nicht? Nun, stellen Sie sich doch, bitte, nicht dumm! Machen wir uns nichts vor. Sehen wir den Tatsachen ins Auge. Kommen Sie, lassen Sie uns die Geschichte leidenschaftslos und nüchtern erörtern. Also: Die allermeisten Menschen kommen mit einer Mutter zur Welt. In meinem Bekanntenkreis eigentlich alle Leute. Zwei kamen ohne Vater. Einer kam mit zwei Vätern. Aber mit einer Mutter sind sie alle gekommen. Die Mütter sind die ersten Menschen, zu denen wir eine Beziehung auf dieser Welt finden. Die Mütter sind die ersten Menschen, die sich um uns kümmern. Zu einer Zeit, wo weder Augenärzte noch junge Mädchen, noch Gerichtsvollzieher an uns interessiert sind. Niemand befiehlt es ihnen. Sie tun es ganz allein. Aus Liebe.

Deshalb sind Mütter auch so bemerkenswerte Erscheinungen. Weil sie aus Liebe handeln. Augenärzte tun das selten. Junge Mädchen nicht immer. Gerichtsvollzieher überhaupt nicht. Man könnte meinen, daß einen Gerichtsvollzieher gar nichts mit der Liebe verbindet. Aber das ist ein Irrtum! Denn auch bei ihm ist es todsicher seine Mami, die ihn liebhat. Auf diese Weise hat, wie man sieht, der liebe Gott vorgesorgt. Nicht hundertprozentig natürlich. Aber eine Sorge hat er uns abgenommen: Am Anfang unseres Lebens ist immer jemand da, der uns liebhat. Unsere Mutter. Die Mütter aller Länder sind deshalb auch zu allen Zeiten von den normal gearteten Menschen in Ehren gehalten worden. In der Schule legte man uns nahe, sie gut zu behandeln, und die meisten Menschen haben sich diese Aufforderung auch zu Herzen genommen. Wenn sie sich gelegentlich schlecht betrugen, tat es ihnen leid, und sie entschuldigten sich.

«Man kann immer gleich sehen, was ein Mensch wert ist, wenn man darauf achtet, wie er von seiner Mutter spricht», sagte vor langer Zeit jemand. Es ist anzunehmen, daß dieser Jemand auch eine Mutter war. Aber es stimmt auf alle Fälle! Und ist wirklich eine sehr gute Probe. Und nun lassen Sie uns zur Sache kommen.

Als es in Amerika im Geschäftsleben einmal nicht besonders ging, da setzten sich ein paar Kaufleute zusammen und sagten sich: «Wir müßten einen guten Grund finden, der die Leute davon überzeugt, daß sie bei uns einkaufen sollen! Nicht nur zu Ostern, zu Weihnachten und zu Geburtstagen. Sondern auch an einem weiteren Tag des Jahres. Wir müßten ein neues Fest erfinden . . .»

Und weil es gerade Ende April war und sie schon dringend Geld brauchten, sagten sie: «Beispielsweise den zweiten Sonntag im Mai!» – «Na ja», meinte einer – er hatte eine Glatze und rauchte eine dicke Zigarre –, «aber was für ein Fest soll das denn sein?»

Darauf wußte keiner eine Antwort, und sie legten sich alle in ihren Stühlen zurück und dachten angestrengt nach. Einer ging ans Telefon und rief zu Hause an.

«Wir haben eine wichtige Besprechung», sagte er, «ich komme nicht zum Mittagessen. Auf Wiedersehen, meine Liebe!»

«Mit wem haben Sie denn da gesprochen?» fragte ein anderer.

«Mit meiner Mutter», sagte der, der telefoniert hatte. «Bei uns gibt's heute nämlich Linsensuppe mit Würstchen, meine Lieblingsspeise, und meine Mutter kann es nicht leiden, wenn ich zu spät komme, weil dann nämlich . . .»

«Ja, ja, ja», sagte der andere träumerisch. «Mit Ihrer Mutter, wie? Haben Sie Ihre Mutter gerne?»

«Und ob!» antwortete der erste.

«Und Sie?» fragte der zweite und wandte sich zu den anderen.

«Und ob!» riefen sie alle.

«Na also, meine Herren», sagte der Mann mit der Zigarre und erhob sich, «dann müssen wir selbstverständlich einen Muttertag einführen!»

Sie sehen: So war es. Oder so ähnlich. Jedenfalls wurde der Muttertag eingeführt. Nicht nur in Amerika. Sondern überall. Auf allen fünf Kontinenten. Weil es nämlich auf allen fünf Kontinenten Mütter gibt. (Worüber man einmal genauer nachdenken sollte.) Der Muttertag war da, und Kinder im Alter von drei, dreiundzwanzig und hundertdreizehn Jahren rannten, was sie konnten, um jenes chronisch schlechte Gewissen, das Kinder zu jeder Tages- und Nachtzeit gefangenhält, durch Ankauf von Nylonstrümpfen, Bonbonnieren, Blumenstöcken, Taschentüchern, Schaukelpferden, Briefbeschwerern, Schnapsservicen, Motorrädern – Moment, ich muß nur schnell Atem holen! –, Zahnbürsten also, Grammophonplatten, Zitronenpressen, Nagelfeilen, Aschenbechern, Buntstiften, Mentholzigaretten und Knallbonbons zu kompensieren.

An jenem gewissen Sonntag überreichten sie dann gerührt und mit gesenktem Kopf ihr Angebinde, schluckten schwer und sagten: «Alles Gute, liebe Mami!»

Die Mamis nahmen die Angebinde mit gesenktem Kopf entgegen, schluckten gleichfalls schwer und sagten: «Ich danke schön, mein Kind.» Womit die Feierlichkeiten eröffnet waren.

Wo die Mutter jeden Morgen um halb sieben aufstehen mußte, um das Frühstück herzurichten, stand an diesem Tag der Vater auf und bediente die Kaffeemühle, mit Bohnenkaffee, versteht sich. Wo die Mutter jeden Mittag kochen mußte, ging man an diesem Tag in ein Restaurant und legte ihr die Speisekarte vor, damit sie Suppenhuhn bestellen konnte. Und wo man sich aus Zeitmangel nicht entschließen konnte, der Mutter beim Weggehen einen Kuß zu geben, gab man ihr an diesem Tag gleich zweihundert. A conto.

Unser Leben ist zehnmal teurer geworden. Viele Mamis werden deshalb heuer vielleicht Malzkaffee zum Frühstück ans Bett serviert bekommen. Andere Mamis werden Leberknödelsuppe statt Suppenhuhn essen müssen und Brunnenkresse und Flieder aus einer öffentlichen Parkanlage auf ihrem Gabentisch begrüßen. (An Stelle von Rosen und Orchideen.) Nur mit den Küssen ist alles beim alten geblieben. Die kosten nach wie vor dasselbe, nämlich nichts. Und auch eine Reihe von anderen Dingen, wie zum Beispiel die Aufmerksamkeit, der Takt und die Güte – eine ganze Wundertüte voll – ist im Preis gleichgeblieben. Daß sie dennoch seltener zu bemerken sind, ist nicht ihre Schuld.

Die erwähnten Tatsachen werden die Geschäftsleute verärgern, die den Muttertag erfunden haben. Aber das macht nichts. Denn der Muttertag ist in erster Linie für die Mütter da und erst in zweiter für die Kaufhäuser.

Und wenn wir uns noch überlegen, daß es ja eigentlich nichts kostet, sich gegen die Mamis gut zu benehmen, und daß sie es ja eigentlich auch verdienen, dann ist nicht einzusehen, warum wir unsere Zärtlichkeiten unbedingt auf diesen einen Sonntag im Mai konzentrieren zu müssen glauben. Kein Zweifel kann darüber bestehen, daß wir uns alle – die Mütter inklusive – wohler fühlen würden, wenn wir die Sachen schön gleichmäßig über das ganze Jahr verteilen könnten. So daß unsere Mamis am Muttertag von all der Aufmerksamkeit gar nichts merkten, weil sie das so gewohnt wären. Dann würden wir sagen: «Was denn, was denn! Heute ist doch Muttertag!« Und die Mamis würden antworten: «Na so was, ich habe gedacht, das wäre ein Tag wie jeder andere!»

Barbara Seuffert

Du, was ich dir sagen wollte . . .

Die Patientin im Nachbarbett erwachte aus der Narkose. Unruhig bewegte sich ihr Kopf. Es war sehr still im Krankenzimmer. Auch auf der Station war kein Geräusch zu hören. Leise öffnete sich die Tür, und eine ältere Dame kam auf Zehenspitzen hereingetrippelt. Sie huschte zum anderen Bett hin, beugte sich über die Kranke, küßte sie rechts und links, strich ihr die Haare aus der Stirn und flüsterte: «Wie geht es dir? Hast du alles gut überstanden? War es schlimm?»

«Ach, Mutti», sagte die Kranke, und das Sprechen fiel ihr schwer, «ach, du bist es. Du hast ein seltenes Talent, sofort nach einer Operation aufzukreuzen.»

«Ich habe mir solche Sorgen gemacht. Ist wirklich alles gut?»

«Ja, es ist alles gut», sagte die Tochter matt.

«Ich habe dir eine Orchidee mitgebracht. Sie ist schon in einer Vase.» Die Mutter stellte die hübsche Blüte auf den Nachttisch.

«Danke. Aber du sollst mir keine Blumen mitbringen. Laß doch Klaus und den Kindern auch eine Chance.»

«Und hier sind noch ein paar von deinen Lieblingskeksen und etwas frisches Obst.»

«Schön, aber du brauchst mir nichts zu essen zu bringen, ich verhungere hier nicht.»

Die Mutter streichelte widerspruchslos ihre Tochter. «Am Sonntag kommen sie alle zum Essen zu mir, sogar Timmy, das Urenkelchen. Ist das nicht schön?»

«Ach, Mutti, laß das doch. Übernimm dich nicht. Das ist doch alles nicht nötig», protestierte die Tochter schwach.

«Ich mache es gerne für dich!» strahlte die alte Dame, küßte die Kranke noch einmal und ging leise und behutsam aus dem Zimmer.

Dann war es wieder still.

Ich schloß die Augen und dachte an dich.

Weißt du noch, wie ich als kleines Schulmädchen im Krankenhaus in der Kreisstadt lag? Da konnte mich keiner besuchen. Es war viel zu weit, und niemand hatte tagsüber Zeit für die Fahrt zur Klinik. Ich war das erste Mal ganz allein und von euch getrennt. Das war schlimm. Aber noch schlimmer plagte mich ein Wunsch, ein einziger Wunsch: Ich wollte so gerne ein Glas Buttermilch trinken. Ich träumte immerzu von dieser kühlen Buttermilch. Da hast du dir den ganzen Tag frei genommen, hast dich aufs Fahrrad gesetzt und bist über dreißig Kilometer gefahren, um mir die Buttermilch zu bringen.

Weißt du noch, wie du tränenblind ins Krankenhaus gestürzt bist, um mich und den todkranken Säugling noch einmal zu sehen und zu verabschieden? Wortlos und erschüttert hast du mich umarmt und schließlich gefragt: «Wo ist das Baby?» – «Wenn du mich noch länger umarmst, erdrückst du es», habe ich lächelnd gesagt: Denn ich hielt es die ganze Zeit im Arm.

Weißt du noch, wie du alle Erziehungsprinzipien über den Haufen geworfen hast, als eine deiner Enkeltöchter operiert wurde? Sie hatte sich immer gewünscht, einmal sehr krank zu sein und Besucherströme mit Pralinenschachteln zu empfangen. Wieviel Kilo Pralinen mögen wohl in den Prachtkartons gewesen sein, die du angeschleppt hast?

Weißt du noch, wie wir drei eine ganze Nacht gebetet haben, weil das Kinderkrankenhaus um Mitternacht anrief, unsere Älteste liege im Sterben, ob wir kommen wollten ... Wir sind nicht hingegangen, sondern haben gebetet, gebetet. Das Mädchen ist nicht gestorben.

Weißt du noch, wie ihr ständig zu mir ins Krankenhaus kamt und sich einer über den anderen beschwerte? Die Großen beschwerten sich, weil die Kleinen ihnen nicht gehorchten. Die Kleinen beschwerten sich, weil die Großen sie dauernd erziehen wollten. Der Vater beschwerte sich. Du beschwertest dich, weil der Jüngste protestiert hatte, er lasse sich nur von seiner Mami etwas sagen, nicht aber von der Oma, die doch nur zu Besuch da ist.

Weißt du noch, wie ich strengste Anweisung gegeben hatte, daß mich bei meinem Krankenhausaufenthalt überhaupt keiner besuchen dürfe? Jakob ist aber doch gekommen. Er ist von der Schule aus losmarschiert, hat sich mit seinem Ranzen ganz klein gemacht und ist unter dem Schalter der Rezeption durchgewitscht. Wie war er stolz über diese Pioniertat! Und wie habe ich mich gefreut! Es war der Anfang einer nie enden wollenden Besucherkette.

Weißt du noch, wie du mit den Kindern ein Fest vorbereitet hast, als ich endlich wieder heimdurfte, nachdem eine lebensbedrohende Krankheit überstanden war? Girlanden und Ehrenurkunden DER BESTEN MUTTER DER WELT und eine Torte (aus drei mißglückten Backmischungen komponiert und deshalb einmalig) und Gladiatorenmärsche auf dem Klavier ...

Wie lebendig war mir das alles ...

Ich blinzelte zur Tür. Da kamst du herein. Ich hätte so gerne mit dir geplaudert. Aber das Schlafmittel wirkte noch. Ich habe gar nicht gemerkt, daß du wieder gegangen bist. Ach, weißt du, was ich dir alles sagen wollte ...

Edda Rönckendorff

Statt einer Weihnachtsgeschichte

Eine Weihnachtsgeschichte soll ich schreiben. Ich lebe davon, daß ich so etwas kann, daß ich Phantasie habe und mich gern in die Situationen anderer hineindenke. Weihnachtsgeschichten mit einer heilen Familie und Kindern sind leicht. Das habe ich mir mehrfach ausgedacht. Auch über einsame Weihnachten ist mir schon etwas eingefallen. Aber diesmal fällt es mir schwer.

Mit den Weihnachtsgeschichten ist es ähnlich wie mit den Silvesterbällen des Fernsehens oder dem Auftauchen von Nikoläusen und Spekulatius in den Geschäften. Der Jubel und Trubel der Silvesternacht findet im September statt, die Lebkuchen und die Spekulatius gibt es ab Anfang Oktober, und die Weihnachtsgeschichten sollten geschrieben sein, wenn draußen die Blätter gelb, die Abende länger und die Ängste vor den vielen naßkalten Monaten von der Vorahnung zur Gewißheit werden.

Fördert es die Vorfreude auf das Fest, wenn man darüber nachdenkt, wie lange man mit dem Heizöl auskommt und ob es nicht klüger wäre, jetzt schon zu tanken als erst Ende Februar, falls es ein kalter Winter wird?

Weihnachten ist teuer. Man mag sich schwören, es diesmal ganz einfach zu halten, keine großen Geschenke zu machen, schlichter zu essen und keine Päckchen an Menschen zu schikken, die sich den Inhalt der Päckchen spielend selber kaufen können. Es hilft alles nichts: Weihnachten bleibt teuer. Alle Familienmenschen kennen das.

Sofern man geschickte Hände hat, die Kinder noch klein sind und nicht allzu verdorben durch die Schaufensterauslagen, kann man Geld sparen und Arbeitszeit investieren. Aber das hört bald auf, denn Zwölfjährige haben konkrete Wünsche und sind nicht mehr mit Eigenproduktionen zu erfreuen.

«Den Sparstift ansetzen», nennt es die Regierung und zielt mit ihm auf unsere Taschen, die eh schon reichlich leer sind. Wir sollen kaufen, um die Wirtschaft anzukurbeln. Schön, sehr gern, aber womit denn? Da sitzt man vor dem Gehaltskonto, den letzten Bankauszügen, dem Sparbuch oder was immer man für sein Geld als Aufbewahrungsort benützt, und rechnet. Die festen Kosten kennt man: Miete, Gas, Wasser, Strom; hier wird im alten Jahr noch eine Versicherung fällig, dort droht etwas anderes, das Geld kostet. Was am Ende übrigbleibt, ist gut überschaubar. Danach holt man sich die Liste derjenigen, die beschenkt werden sollen. Solche Listen sind praktisch, widerstehen jedoch dem Ansetzen des Sparstifts merkwürdig hartnäckig.

Da stehen neben der allerengsten Familie auch Namen von entfernten Verwandten, mit denen man durch die Jahre die Verbindung bewahrt hat, weil man Erinnerungen mit ihnen teilt, weil sie einem einmal im Leben geholfen haben, weil sie alt und allein sind. Eine Tante im Altersheim mit winziger Rente, die man nicht besuchen kann, wenn man dazu Lust hat, weil sie zu entfernt wohnt, läßt sich nicht streichen. Das geht einfach nicht. Man sitzt vor der Liste und erinnert sich.

Der zwanzigste Geburtstag in einer schlechten Zeit. Flüchtlingsdasein, allein, wenig zu essen und ein ungeheiztes Notquartier. Man war jung und hätte sich gern hübsch gemacht. Aber womit denn, wenn man nur mit einem Rucksack gekommen ist? Und dann plötzlich die Einladung. Ein entfernter Vetter in einer abgetragenen Uniform holte einen ab. Ein warmes Zimmer, sogar Kerzen, die Umarmung der Tante, freundliche Menschen, Kuchen aus Kaffeesatz, dazu Apfelschalentee. Nein – sie bekommt den langen Brief und das Päckchen.

Die Freundin der Eltern, uralt und allein. Beide Söhne sind im Krieg gefallen. Wie viele einsame Weihnachten ohne Kinder und Enkel, erfüllt von traurigen Erinnerungen! Sie leidet keine Not, auch ein Brief würde sie erfreuen. Aber wer schenkt ihr denn etwas? Die Heimleitung? Die Nachbarin auf dem Flur? Wer? Was ist das für ein Weihnachten, wenn kein Postbote kommt und ein Päckchen abgibt, auf dessen Inhalt sie neugierig ist? Jemand von draußen, aus jener fremdgewordenen Welt hat an sie gedacht, hat für sie eingekauft, wenn es auch nur ein Buch ist oder ein seidenes Tuch oder warme Strümpfe. Es ist für sie in buntes Papier gewickelt und mit einem Bändchen umwunden worden.

Dann steht da der Name eines Freundes des einen Sohns. Man kennt ihn schon seit seiner Schulzeit und hat ihn lieber gehabt als andere Freunde der Kinder. Warum? Weil er so strahlte, weil er zufällig, nein, weil er, als man zufällig einmal genau zuhörte und an nichts anderes dachte, etwas Kluges sagte? Jetzt hat er sein Studium abgeschlossen, findet keine Stelle und bringt sich mit Gelegenheitsarbeiten durch. Die Eltern können nicht helfen. Sie haben mehrere Kinder. Er braucht kein Päckchen, er braucht Geld.

Unsere treue Putzfrau, die fast fünfundzwanzig Jahre bei uns gewesen ist, bis das Alter sie zwang aufzuhören. Sie gehört zur Familie, sie hat die Kinder groß werden sehen, sie hat sich mit uns gefreut und mit uns getrauert. Sie hat unser Leben geteilt und ist aus unseren Erinnerungen nicht fortzudenken. Ich werde zu ihr fahren und ihr Geschenke bringen, die nichts sind im Vergleich zu dem, was sie uns geschenkt hat: Zugehörigkeit, Freundschaft und Hilfe. «Wir», sagte sie oder: «Bei uns», wenn sie von der Familie sprach, in die sie gekommen war, weil sie Geld verdienen wollte.

Früher unterschieden wir manchmal lachend zwischen «deine Freunde» und «meine Freunde». Jetzt sind «deine Freunde» sehr wichtig geworden. Als Bindeglied, als Brücke in die Vergangenheit. Sie lassen sich von der Geschenkliste streichen, haben zum Teil auch nie darauf gestanden, aber schreiben möchte ich ihnen.

Da sitzt man nun an einem grauen Sonntag ein oder zwei Stunden vor einer Liste mit Namen, träumt vor sich hin und erinnert sich mehr, als daß man sinnvolle Beschlüsse faßt, wer was bekommt, wem man einen Brief schreibt und wen man getrost übergehen kann, weil man so eng mit ihm verbunden ist, daß er an dem Weihnachtsmarathon nicht teilzunehmen braucht.

Es bleiben viele Namen, fast so viele wie in den vergangenen Jahren, nur daß der Staat ganz ohne Rotstift schon wieder die Finger in der Tasche hat und soviel Portogeld herausnimmt, daß man davon einen oder zwei der Gestrichenen bequem hätte beschenken können.

Und die Kinder, Schwiegerkinder und der Sohn, der selber Kinder hat? Alle schlagen sich recht und schlecht durchs Leben. Keiner leidet bittere Not. Ist das aber ein Anlaß, Weihnachten zu streichen, zu sagen, diesmal schenken wir uns nichts?

Schon wieder Erinnerungen. Die linkische Verbeugung vor dem Weihnachtsbaum und das Gedicht, das viel zu schwer für einen so kleinen Jungen ist. Der größere Bruder souffliert, und am Ende sagt der Kleine die letzte Strophe auf, ohne Luft zu holen, nur um es endlich hinter sich zu haben.

Waren das damals keine Geschenke? Ach, so große runde Geschenke, bei denen einem das Herz weh tat und man plötzlich wußte, was es heißt, ein Kind zu lieben.

Unsere heutigen Geschenke sind anders. Meistens sind es zwei, eins zum Freuen und eins der Nützlichkeit wegen. Nein, das möchte ich nicht abschaffen, solange es irgendwie möglich ist. Wir sind eine verträgliche Familie, wir mögen uns das ganze Jahr hindurch, nicht nur an Weihnachten. Wäre das ein Grund, keine Geschenke zu machen? Ja, sicher, es ginge durchaus. Aber dann wäre Weihnachten nichts anderes als ein ganz normales Familientreffen. Ob man nun christlich ist oder nicht: Wir haben Weihnachten geerbt, sind damit aufgewachsen, mit diesem Wunsch nach Feierlichkeit, nach Tannen- und Kerzenduft, nach Freundlichkeit und Zusammenhalten. Dazu gehören Geschenke.

So wird es kaum anders sein als sonst. Wir werden uns Mühe geben, es so schön wie möglich zu machen. Wir werden uns den Kopf zerbrechen, wie wir jedem etwas schenken können, das ihn überrascht und freut.

Wer ist nach Weihnachten nicht pleite? Das gehört ebenso dazu wie der Ärger über den plötzlichen Preissturz in den ersten Januartagen, in denen man lauter Dinge in den Geschäften sieht, die man gern kaufen würde, wenn man nur das Geld dazu hätte. Aber das kennt jeder. Es ist nicht neu.

Jetzt habe ich viel Zeit mit meiner Liste vertrödelt, und aus dem trüben Herbstnachmittag ist ein dunkler Abend geworden. Wer sagt denn, daß der Winter wirklich so kalt wird? Und sind die langen Abende nicht auch etwas, auf das man sich freuen kann? Die Liste hat alle privaten Sparmaßnahmen fast ungekürzt überstanden. Noch freue ich mich nicht auf Weihnachten, noch steht es wie ein Berg vor mir. Aber dann, im Dezember, das weiß ich jetzt schon, werde ich mich freuen. Ich werde in den Tagen vor dem Fest nach Schnee Ausschau halten und gleichzeitig um die Kinder Angst haben, die über die Autobahn müssen. Mütter sind immer ein bißchen verrückt, besonders aber an Weihnachten.

Ursula Haucke

Mit leeren Händen, aber vollen Herzen oder so

Heute nachmittag ist mir plötzlich was Schreckliches eingefallen! Nämlich daß Mama am Sonnabend Geburtstag hat, und wir haben es total vergessen und kein Geschenk und gar nichts! Aber es hat auch keiner einen Pieps von Geburtstag gesagt, und sonst reden sie immer schon ewig vorher, wie man bloß alles machen kann! Weil es so kompliziert ist. Tante Helma kommt immer von allein und bringt eine blöde Sammeltasse mit. Und sie will dann jedesmal alle anderen Tassen sehen, die sie schon hundert Jahre lang schenkt, und Mama muß vorher stundenlang suchen, wo sie sie bloß verkramt hat. Dann ist noch das Theater mit Onkel Fred und Onkel Heinz, weil die verkracht sind bis ins Grab, und sie dürfen sich nicht treffen. Onkel Fred ruft immer vorher an, ob der Heinz schon weg ist. Aber letztes Jahr war Oli am Telefon und hat gesagt, ja, er ist weg, dabei war er bloß im Klo. Onkel Fred war aber gleich losgefahren, und wir konnten Onkel Heinz nicht so schnell loswerden. Da mußte Oma einen kleinen Herzanfall machen, damit Onkel Heinz sie nach Hause bringt und auch gleich weg ist. Das war beinahe schiefgegangen, weil Onkel Heinz die Oma ins Krankenhaus schaffen wollte. Oma mußte schnell wieder ein bißchen gesünder werden und sagen, daß sie nur ihre Tabletten braucht und Ruhe, Ruhe, Ruhe! Dann hat es grade noch so hingehauen. Oma mußte aber eine teure Taxe nehmen zum Zurückkommen.

Jedenfalls hat dieses Jahr keiner vorher rumgestöhnt, und wir waren jetzt aufgeschmissen. Meike hat dann gesagt, das einzige ist, sie macht ein Gedicht und Oli sagt es auf. Sie hat gleich angefangen. Mit hinten gereimt und allem. Es ging so los, daß wir dastehen mit leeren Händen, aber vollen Herzen oder so. Aber Oli ist weggerannt und wollte es nicht lernen, und Meike hat ihn beinah verhauen, weil es doch unsere Rettung sein sollte.

Auf einmal ist Mama zu uns reingekommen, und jetzt hat sie endlich angefangen, von dem Geburtstag zu reden und zu seufzen! Und sie hat uns angeguckt und hat einen ganz, ganz großen Geburtstagswunsch gehabt! Oli hat losgekreischt, daß er kein Gedicht aufsagen will, und Meike hat ihn heimlich getreten und gesagt, daß gar kein Gedicht da ist. Aber es kam sowieso ganz anders. Mama hat nämlich gesagt, es tut ihr so leid, aber sie will überhaupt keinen Geburtstag haben, sondern mit Papa drei Tage verreisen! Weil sie echt keine Lust hat auf Tanten und Onkel und Kartoffelsalat. Und sie wünscht sich bloß, daß wir uns drei Tage vertragen und keinen Mist machen! Und ob das geht und ob wir nicht zu traurig sind. Natürlich haben wir gesagt, daß wir ihr das gönnen mit der Reise und daß wir uns toll vertragen werden. Meike war noch ganz unverschämt und hat gesagt, daß wir die Geschenke dann in Gottes Namen für Weihnachten aufheben müssen.

Mama war total glücklich und dankbar.

Für absolut nichts!!

Sonst ist es immer umgekehrt.

Ich sehe dich in deiner Liebe Licht . . .

Barbara Bronnen

Meine Mutter und das Meer

Kaum daß ich um die Ecke biege, erblicke ich ihre kleine Gestalt. Etwas in Rosa mit einem weißen Wuschelkopf. Bevor ich die Hand zum Gruß heben kann, winkt sie mir zu.

Immer blickt sie aus dem Fenster und liegt auf der Lauer.

Sie beobachtet mit forschendem Ausdruck, wie ich mich nähere, und lächelt mir erwartungsvoll zu. Dann verschwindet der silbergraue Wuschelkopf, und das Fenster schließt sich.

Ehe ich läuten kann, öffnet sich die Tür wie durch Zauber.

Wenn ich oben bin und vor ihrer Tür stehe, rieche ich ihr Parfum durch den Spion, durch den sie blickt, ehe sie die Sicherheitskette löst, denn es könnte sein, daß ich mich in jemand anderen verwandelt habe.

Früher nahm ich ihr diese Dinge übel. Jetzt, wo ich mich selbst dabei ertappe, wie ich nach meinem Kind Ausschau halte, lächle ich ihr zu. (Natürlich liege ich nicht auf der Lauer.)

Ihr Lächeln ist sonntäglich, kokett; ich blicke sie an. Neue Bluse? Sie nickt würdevoll, den Mund gespitzt, und ich weiß: für mich. Sie duftet, ist sonntäglich geschmückt, feine Kette, Ohrringe, rosa Lippenstift.

Wenn ich komme, ist es für sie ein Fest.

Du hast die Kette angelegt?

Ich trage sie um den Hals, dieses Opfer, nicht im Krieg veräußert, für mich.

Ich besitze ein Paar Ohrringe, die mir meine Großmutter auf dem Sterbebett gab. «Nimm sie aus meinen noch warmen Händen», hat sie gesagt, «so wie ich sie von meiner Mutter aus ihren noch warmen Händen erhielt.»

Die Hand des Lebens. Sie führt uns, das Kind, auf dem Grat zwischen Schützen und Loslassen. Das Leben führen lernen an der Hand der Mutter.

Wenn wir von einer Reise zurückkommen und ich durch die Wohnung gehe, finde ich kleine Zettel zwischen den Büchern: «Entliehen, H.B.», und zwischen den Socken meines Sohnes: «Hose zum Flicken mitgenommen», ich finde Mitteilungen auf dem Tisch: «Essen im Eisschrank».

Seit fünfzig Jahren reicht der Arm meiner Mutter in meine hintersten Kammern. Früher hat mich das gereizt.

Es war nicht das Stopfen und Flicken, das mich störte, sondern meine Angst, berührt zu werden.

Für meine Mutter sind ihre Töchter ihr ein und alles.

Wir ziehen die Köpfe ein und gehen in ihr geschmücktes, putziges Biedermeierreich. Die Decke über uns ist niedrig und rundum sind winzige Altäre, angefüllt mit Puppentellern und nagelgroßen Karaffen, Zelluloidmädchen sitzen an gedrechselten Silbertischchen und essen mit Messerchen und Gäbelchen.

Ich bin eine Einbrecherin, die unvermutet das ernsthafte Spiel eines kleinen Mädchens stört. Und wenn ich ein Karäffchen in die Hand nehme, so muß ich sehr aufpassen, daß ich um Himmels willen nicht alles verderbe.

Meine Urgroßmutter, davon gibt es ein Foto, besaß einen Flügelaltar, einen richtigen Schrein, von oben bis unten mit Bildern, Fotos, Gemälden ihrer Vorfahren, Kinder und Kindeskinder bestückt.

Meine Großmutter hegte einen Hauptaltar mit ihrer Mutter; Mann, Tochter und Enkelkinder standen in den Nebenaltären.

Der Hauptaltar meiner Mutter besteht aus meiner Schwester, mir und dem Enkelkind; ihre Mutter besitzt einen separaten Altar.

Von Zeit zu Zeit bittet sie uns um ein neues Foto, denn das Enkelkind wächst (wir dagegen werden kleiner). Früher habe ich mich mitleidig betrachtet, wie ich da gut angezogen neben meiner Schwester im Silberrahmen dastand, mit einem Lächeln, als wüßte ich, daß es eine Zeitlang vorhalten muß.

Heute sage ich zu meinem Mann: Mach bitte ein neues schönes Foto für meine Mutter.

Meine Mutter war eine Trümmerfrau.

Sie hat aus den Trümmern Berlins nichts als einen Koffer retten können. Sie hat die Trümmer meines Vaters, der ein Meteor war, beseitigen müssen. Sie hat geschuftet, um mit den Trümmern in sich und in uns fertigzuwerden.

Mit zweiundfünfzig hat sie neu in einem Beruf angefangen, damit die Rente voll wird. Damals hat sie an meine Großmutter geschrieben: «Ach, Mutti, wie fröhlich kommen mir die Zeiten vor, als ich mich im Krieg für die Meinen abstrampeln mußte.»

Heute ist sie eine schmucke alte Dame, die sich schön macht, damit wir stolz auf sie sind.

Ich bin stolz auf sie.

Wenn mein Sohn bei ihr zu Mittag ißt und sie sorgfältig sein Lieblingsessen, beige Fleischklößchen in purpurner Tomatensauce, kocht, blickt sie ihn an, mit einem verzehrenden Blick, wie ihn nur Tiere und kleine Kinder haben, hingegeben.

Sie ist von seiner schimmernden jungen Anwesenheit so aufgesogen, daß ich störe. Manchmal, wenn ich unvorhergesehen läute, kann es geschehen, daß sie in der Tür stehen bleibt, als wollte sie mich nicht einlassen.

Dann gebe ich ihr einen kleinen Klaps, um sie zu beruhigen.

Meine Mutter war fünfundsiebzig Jahre lang Tochter, und das stelle ich mir manchmal vor. Sie war fünfundsiebzig Jahre lang Kind.

Erst seit dem Tod der Großmutter begann sie ihr Leben allein zu genießen.

Meine Mutter hat ihre Kindheit im Internat verbracht und deshalb hat ihre Kindheit nicht viel mit ihrer Mutter zu tun. Sie war meist sehr einsam, und manchmal fühlte ich die Bürde ihrer Einsamkeit auf meinen Schultern.

Heute rührt mich ihre Entschlossenheit, an allem teilzunehmen. Es ist schwer zu lernen, wenn man alt ist.

Wenn ein Nachmittagskaffee oder ein Geburtstagsessen vorüber ist, ist meine Mutter ein wenig unwirsch. Mir kommt es dann so vor, als sei sie für einen Augenblick mit uns fertig und wolle nichts anderes, als nach Hause eilen, um die Einzelheiten in aller Ruhe zu überdenken. Andererseits ist sie auch ein wenig blöde vor Unglück, weil das Fest vorüber ist und sie ein bißchen übersatt ist vom Essen und vom Wein, und soviel gesprochen hat sie auch wie schon lange nicht.

Es kann vorkommen, daß sie plötzlich ganz zerfleddert und verfallen aussieht vor Müdigkeit, und dann erinnert sie mich an das «Schluß-jetzt-Gesicht» meiner Großmutter.

Meine Mutter hat es geschafft, ihrem Leben mit Fünfzig noch eine neue Richtung zu geben; mutig erarbeitete sie sich einen neuen Beruf und lernte.

Sie kämpfte. Immer war sie in Bewegung.

Manchmal, wenn ich anrufe, um ein wenig mit ihr zu plaudern, ist sie kurz angebunden, und ich fühle, daß sie gerade lieber mit sich allein ist. Schluß! sagt sie dann, und ich bin entlassen.

Neulich ließ ich das Telefon sehr lange läuten; sie hob nicht ab. Besorgt schwang ich mich aufs Rad und läutete an ihrer Tür.

Endlich öffnete sie. Auf ihrem Tisch lag ein Aquarell, die Farben waren noch feucht. Warum sie nicht abgehoben hätte? Ach, sagte sie, ich habe gemalt, da will ich nicht gestört werden.

Vor zwei Jahren machte meine Mutter einen Malkurs an der Volkshochschule, und sie war stolz, als sie mir die ersten Aquarelle zeigen konnte. Erwartungsvoll blickte sie mich an. Sie wünschte sich brennend, von mir gelobt zu werden.

Die Bilder waren sehr schön. Ich war betroffen. Ich hatte nicht gedacht, daß meine Mutter so sanfte seltsame Bilder malen würde.

Mein Sohn lernt Klavier. Ab und zu kommt meine Mutter, um ihm zuzuhören und auch selbst Klavier zu spielen.

Ich stehe im Türrahmen und betrachte sie. Ihr weißes Wuschelköpfchen ist über die Tasten geneigt und sie spielt, leicht und anmutig trotz ihrer arthritischen Hände, alles, was ihr so einfällt, vom Flohwalzer bis zum Radetzkymarsch, von der Kleinen Nachtmusik bis zu O Susanna. Sie singt dazu mit ihrer schönen vibrierenden Stimme.

Auf Zehenspitzen verlasse ich das Zimmer.

Wenn meine Mutter zu uns kommt, hat sie stets ein Täschchen bei sich, angefüllt mit sogenannten «Überraschungen», die sie langsam hervorholt. Das Wort «Überraschungen» spricht sie hoch und befriedigt aus. Es ist eine Stoffrose, ein Taschentuch oder irgend etwas Kleines, «das ich mir schon so lange gewünscht» habe, etwas Ausgefallenes, das sie für mich entdeckt hat und das «zu mir paßt».

Dann weiß ich, daß sie auf ihren Spaziergängen durch die Geschäftsstraßen an nichts anderes gedacht hat als an uns.

Als ich im letzten Sommer mit meiner Mutter am Meer war, da ging sie ins Wasser und blieb. Über eine Stunde lang kehrte sie nicht zurück.

Endlich, ein wenig besorgt, schwamm ich zu ihr.

Sie schwebte bäuchlings über der Sandinsel und plätscherte. Dabei sang sie die «Donauwellen».

Seit meine Mutter alt ist, bekümmert sie es weniger, wenn sie einmal etwas nicht versteht. Das macht nichts, sagt sie dann, ich muß nicht alles wissen.

Was mich am meisten in den letzten Jahren verwundert, ist, daß sie so einfach ist, die ich immer für kompliziert gehalten habe.

Es muß an mir gelegen haben.

Meine Mutter arbeitet mit ihren achtzig Jahren immer noch einmal in der Woche in einem Puppenladen.

Wenn ich mit dem Rad vorbeifahre, sehe ich durchs Schaufenster, wie sie den Puppen die Kleider richtet und ihnen kleine Tassen hinstellt, als seien es ihre Gäste.

Manchmal geht mein Sohn zu ihr und hilft ihr beim Anpreisen und Verkaufen der alten kostbaren Puppen.

Mit Kennermiene stehen die beiden Geschäftsleute dann im Laden, der Zwölfjährige und die Achtzigjährige, und präsentieren wunderschöne alte Porzellanpuppen.

Gibt es jemanden, der da widerstehen kann?

Wenn ich krank bin, ist meine Mutter alarmiert, und aufgeregt bittet sie, daß ich sie etwas für mich tun lasse. Ihre Stimme ist hoch und unvernünftig dringlich, und ich weiß, daß ich mir etwas einfallen lassen muß, obwohl ich alles zu Hause habe und meine Männer gut für mich gesorgt haben.

«Mach mir bitte eine Kartoffelsuppe», sage ich, «die ist so gut.» Sie seufzt vor Zufriedenheit und Erleichterung.

Ich weiß, daß sie nun loseilen wird, um verschiedene Gemüse und Kartoffeln zu kaufen, die sie die nächste Stunde lang aufs feinste und kleinste schnippeln wird wie für eine Puppenküche.

Sie ist mit einem so kleinen Schälchen Suppe zufrieden.

Das Genie meiner Mutter offenbart sich darin, daß sie weiß, wie Schriftsteller zu behandeln sind, das hat sie von meinem Vater gelernt.

Deshalb höre ich, wie sie zu meinem Sohn sagt: «Du darfst deine Mutter nicht stören, auch dann nicht, wenn sie nur liest, denn auch lesen ist Arbeit für jemanden, der schreibt, das hat meine Mutter nie begriffen, wenn dein Opa gelesen hat, drum störe sie nicht, und wenn sie schreibt, dann schon gar nicht, denn es ist schwer, das Schreiben.»

Sie ist ein alter Profi im Umgang mit Schreiberlingen.

Wenn meine Mutter hört, daß jemand etwas von mir kritisiert, ein Buch, nimmt meine Mutter innerlich die Haltung eines Wachtpostens ein. Nur zum Schein um Sachlichkeit und Objektivität bemüht, gibt sie ein winziges Fehlerchen listig zu, um dann das Werk begeistert und parteiisch in den Himmel zu heben.

Wer schützt mich später einmal?

Seid lieb zur Omi, sagte meine Mutter, als es meiner Großmutter schon sehr schlecht ging.

Seid lieb zu eurer Mutter, sagte meine Großmutter, bevor sie starb.

Mein Sohn soll keine Extra-Zuwendungen bekommen, von niemandem, so war unser kleiner Familienrat verblieben; Ausnahme: Pfennige.

Meine Mutter hat uns, so habe ich es in Erinnerung, streng und unerbittlich in Geldsachen erzogen. Heute aber hat sie eine Menge Schleichpfade entdeckt, um ihre Prinzipien zu umgehen.

Wenn Florian zu ihr kommt, geht er manchmal an die Schränke und öffnet die verschiedenen Dosen und Schalen, in denen meine Mutter ihre Pfennige aufbewahrt; die darf er dann nehmen.

Kommt er nach Hause, sind seine Taschen schwer von Pfennigen. Neulich zählte er sechshundert Pfennige, und manchmal sind auch Markstücke darunter, weil die Großmutter so schlecht sieht.

Wenn ich mit meiner Mutter spazierengehe, habe ich Mühe, mit ihr Schritt zu halten, so rasch läuft sie, völlig den Beschwernissen des Weges hingegeben, erfüllt vom Wunsch, den Pfad zu schaffen und ein weiteres Stück ihres Lebensweges hinter sich zu bringen.

Wieder zu Hause angelangt, seufzt sie zufrieden, weil sie es wieder einmal geschafft hat.

Meine Mutter ist von großer Festigkeit, was ihren Körper betrifft. Sie geht jede Woche zweimal schwimmen, täglich spaziert sie eine Stunde lang, und wenn sie ein halbes Kilo zugenommen hat, so spart sie es sofort wieder ein.

Sie ist so schlank wie ein junges Mädchen.

Sie war früher sehr ordentlich (wenn auch nie ganz so wie die Großmutter). In den letzten zehn Jahren sehe ich mit Erstaunen, daß ihr diese Ordnung nicht mehr viel bedeutet. Ich glaube, es begann mit meinem Sohn.

Erst ließ sie die Spielsachen auf dem Boden liegen, und wenn er eine Orange in die Ecke kickte, so konnte man sie eine Woche später immer noch dort besichtigen.

Manchmal fahre ich zum Spaß mit dem Finger über ihr Regal (eine Erinnerung an die Großmutter).

Ach, sagt sie dann mit einem flüchtigen Blick auf meine grauen Fingerspitzen, das ist doch nicht so wichtig! Und sie lacht.

Sie machte immer gern Spaziergänge, meine alte Mutter. Früher, als wir noch zur Schule gingen, marschierte sie mit uns, mit kräftigem großen Schritt, und wir spielten dabei «Ich sehe was, was du nicht siehst.»

Heute geht sie, den Kopf gesenkt, bedachtsamer durch die Straßen. An der Kreuzung macht sie halt und blickt vorsichtig und aufmerksam nach rechts und links. Die U-Bahn-Treppen geht sie zu Fuß, anstatt die Rolltreppen zu benutzen; das ist für den Kreislauf gut.

In der Ecke ihres Flurs steht wartend der Stock meiner Großmutter mit dem Silberknauf.

Früher hatten wir viel Angst voreinander; ich fürchte, ich habe damit angefangen. Wir begrüßten uns mit einem konventionellen Küßchen, wobei sich unsere Gesichter selten berührten. Heute küßt sie mich ausführlich und feucht und sagt dabei: Meine Tochter! Und manchmal kommt ihre Hand und streichelt meinen Kopf. Mitunter legt sie ihre Hand in meine und drückt sie leicht. Dann sehen wir uns an, mit einem scheuen Blick.

Sie ist mir nahe. Die Zeit unserer Angst voreinander muß in einem früheren Leben gewesen sein.

Als sie letzte Ferien mit uns in Italien war, nahm sie sich vor, jeden Tag abzuwaschen, damit ich es nicht zu tun brauchte.

Die erste Woche versuchte ich, sie zu überlisten.

Als ich jedoch merkte, daß sie das kränkte, nahm ich es hin, daß sie nach dem Essen sofort in die Küche eilte, um abzuspülen, ehe ich es tun konnte.

Ich dankte ihr. Meine Mutter bekam rote Wangen und seufzte zufrieden.

Nach dem Abwasch legte sich meine Mutter auf der Loggia in den Liegestuhl. Es war sengend heiß, sie aber zog es vor, draußen zu bleiben; im Zimmer bin ich das ganze Jahr, sagte sie.

Wenn ich ein wenig später mit dem Kaffee und einem Obsttörtchen hinauskam, lag sie da und schlief fest. Als ich sie darauf ansprach, daß sie jeden Tag Mittagsschlaf hielte, sagte sie resigniert: «Ach ja, ich werde alt.»

Das letzte große Fest ihres Lebens war die Geburt meines Sohnes. Entzückt, selig und ein für allemal verliebt in das Wunderkind stand sie an meinem Bett und umarmte mich wieder und wieder.

Damals war ich befremdet und irritiert. Es ist mein Sohn! dachte ich aufgebracht, ich habe ihn nicht für sie bekommen!

Heute rührt mich ihre Liebe zu meinem Sohn.

Heute weiß ich, daß mein Kind nicht mir gehört.

Mein Sohn hat zu allem seine eigenen Gedanken.

Früher hat meine Mutter manchmal versucht, ihm die ihren zu geben; das machte ich sofort aus und war verletzt.

Heute läßt sie es sein. Mit angestrengtem Gesicht lauscht sie seinen Darlegungen. Sie legt den Kopf schief und sagt: «Das muß ich noch einmal überdenken.»

Es ist seltsam, daß ich so lange Zeit die Liebe zu meiner Mutter nicht wahrhaben wollte; ich bemühte mich, sie zu lieben, aber eine grausame Scham hielt mich davon ab, und ich vermied die Liebe.

All meine Bemühungen scheiterten und förderten nur Ungeduld und Trotz zutage. Ich war voll Unglück. Ich konnte den Lauf der Liebe nicht lenken.

Heute, wo ich mein Leben führe, bin ich dankbar für jeden Tag, an dem die Liebe meinen Lauf lenkt.

Wenn ich von meiner Mutter gehe, blickt sie mir noch lange nach; ich fühle ihren Blick im Rücken, und ab und zu wende ich mich um, um ihr zuzuwinken. Und wenn ich um die Ecke biege, kann ich sie trotzdem weiter sehen, jede Linie, jeden Schatten.

Es ist ein Abschied, stückchenweise, von meiner Kindheit.

Ihr weißes Wuschelköpfchen leuchtet in der Dämmerung. Eines Tages werde ich ohne sie leben müssen.

Amy Tan

Vier Himmelsrichtungen

Ich hatte meine Mutter zum Mittagessen in mein Lieblings-China-Restaurant eingeladen, in der Hoffnung, sie dadurch in gute Laune zu versetzen, doch es war ein glatter Reinfall.

Als wir uns im Vier-Himmelsrichtungen-Restaurant trafen, musterte sie mich sofort mit kritischer Miene: «Ai-ya! Was hast du denn mit deinen Haaren gemacht?» fragte sie mich auf chinesisch.

«Ich habe sie bloß kürzer schneiden lassen.» Mr. Rory hatte mir diesmal einen schrägen Pony geschnitten, der links etwas kürzer war – eine modische, aber keineswegs extravagante Frisur.

«Sieht ja wie abgehackt aus», meinte sie. «Du mußt dein Geld zurückverlangen.»

Ich seufzte. «Laß uns jetzt erst mal in Ruhe essen, okay?»

Sie studierte mit verkniffener Miene die Speisekarte und nörgelte dabei vor sich hin: «Die scheinen hier ja keine besondere Auswahl zu haben.» Dann klopfte sie dem Kellner auf den Arm, wischte mit den Fingern über ihre Stäbchen und schnüffelte angewidert: «Soll ich etwa mit diesen fettigen Dingern essen?» Sie spülte ostentativ ihre Reisschale mit heißem Tee aus und empfahl den anderen Restaurantbesuchern in unserer Nähe, das gleiche zu tun. Dann wies sie den Kellner an, darauf zu achten, daß die Suppe auch ja heiß genug sei – und natürlich war sie, ihrem fachmännischen Urteil zufolge, «noch nicht mal *lauwarm*».

«Du solltest dich nicht so aufregen», ermahnte ich meine Mutter, nachdem sie lauthals gegen den Zuschlag von zwei Dollar für den Chrysanthementee protestiert hatte. «Außerdem ist unnötiger Streß schlecht für dein Herz.»

«Mein Herz ist vollkommen in Ordnung», erwiderte sie gereizt, während sie den Kellner mißtrauisch im Auge behielt.

Das stimmte allerdings. Obwohl sie sich – und andere – dauernd unter Streß setzt, sind alle Ärzte sich einig, daß sie mit ihren neunundsechzig Jahren den Blutdruck eines sechzehnjährigen Mädchens hat und stark wie ein Pferd ist. Und sie ist tatsächlich ein Pferd. Jahrgang 1918, dickköpfig und ehrlich bis zur Taktlosigkeit. Sie und ich passen schlecht zusammen, denn ich bin ein Hase, Jahrgang 1951; Hasen gelten als sensibel und äußerst kritikempfindlich.

Nach unserem mißratenen Mittagessen gab ich die Hoffnung auf, je einen günstigen Moment für meine große Neuigkeit abzupassen – die Ankündigung, daß Rich Schields und ich vorhaben zu heiraten.

«Wovor hast du eigentlich Angst?» fragte meine Freundin Marlene Ferber mich neulich abends am Telefon. «Rich ist doch schließlich kein Penner, sondern Steuerberater, genau wie du. Was kann sie daran schon auszusetzen haben?»

«Du kennst eben meine Mutter nicht», meinte ich. «Die findet an allem und jedem was auszusetzen.»

«Dann heirate ihn doch einfach heimlich», schlug Marlene vor.

«Das hab ich damals schon mit Marvin gemacht.» Marvin war mein erster Mann, meine Jugendliebe.

«Na also!» sagte Marlene.

«Und als meine Mutter es erfuhr, hat sie mir ihren Schuh an den Kopf geworfen – und das war erst der Anfang.»

Meine Mutter hat Rich bisher noch nicht einmal kennengelernt. Immer wenn ich seinen Namen erwähnte – wenn ich zum Beispiel erzählte, daß Rich und ich im Konzert waren oder daß er mit meiner vierjährigen Tochter Shoshana im Zoo war –, wechselte meine Mutter schnell das Thema.

«Hab ich dir schon erzählt, wie gut es Shoshana neulich mit Rich im Exploratorium gefallen hat? Er hat . . .»

«Ach, übrigens», unterbrach mich meine Mutter prompt, «das

hab ich dir ja noch gar nicht erzählt – dein Vater, weißt du, die Ärzte meinten schon, er braucht eine explorierende Operation. Aber zum Glück war es ein falscher Alarm, alles in Ordnung, es war nur die Verstopfung.» Also gab ich es auf. Und dann folgte unser übliches Ritual.

Ich zahlte mit einem Zehndollarschein und drei einzelnen Dollarscheinen. Meine Mutter nahm die Eindollarscheine wieder weg und zählte statt dessen den genauen Betrag von dreizehn Cents auf den Tisch. «Kein Trinkgeld!» erklärte sie und warf starrsinnig den Kopf zurück.

Während sie auf der Toilette war, steckte ich dem Kellner heimlich einen Fünfdollarschein zu. Er nickte verständnisinnig. Inzwischen legte ich mir einen neuen Plan zurecht.

«*Choszle!*» – Da stinkt's wie die Pest! – murmelte meine Mutter, als sie zurückkam. Sie hielt mir eine Packung Papiertaschentücher hin; fremdes Toilettenpapier war ihr suspekt: «Willst du auch?»

Ich schüttelte den Kopf. «Aber bevor ich dich absetze, laß uns noch schnell bei mir zu Hause vorbeifahren. Ich möchte dir etwas zeigen.»

Seit Monaten hatte meine Mutter meine Wohnung schon nicht mehr betreten. Als ich jungverheiratet war, hatte sie sich angewöhnt, unangemeldet hereinzuschneien, bis ich ihr eines Tages nahelegte, doch lieber vorher anzurufen. Seitdem läßt sie sich nur noch blicken, wenn ich sie in aller Form einlade.

Ich war gespannt, wie sie auf die Veränderungen in meiner Wohnung reagieren würde. Früher, als ich nach meiner Scheidung plötzlich zu viel Zeit für mich hatte, war dort alles immer vorbildlich aufgeräumt – doch nun herrschte in allen Räumen ein fröhliches Chaos. Im Flur stolperte man schon über Shoshanas buntes Plastikspielzeug; im Wohnzimmer lagen Richs Hanteln herum, auf dem Couchtisch standen zwei benutzte Gläser, und in einer Ecke waren die kläglichen Überreste eines Telefons verstreut, das Rich und Shoshana neulich auseinandergenommen hatten, um herauszufinden, wo die Stimmen herkommen.

«Es ist hier hinten», sagte ich und lotste sie ins Schlafzimmer.

Das Bett war ungemacht, die Kommodenschubladen standen offen, mit heraushängenden Socken und Krawattenenden garniert. Meine Mutter stieg über Turnschuhe, noch mehr Spielzeug, Richs schwarze Mokassins, einen Stapel Hemden, die frisch aus der Reinigung zurück waren.

Ihre Miene drückte nichts als schmerzliche Abwehr aus – wie damals, als sie uns Kinder einmal zum Impfen in die Klinik gebracht hatte. Als mein Bruder an der Reihe war und markerschütternd brüllte, sah meine Mutter mich gequält an und versicherte: «Nächste Spritze tut nicht weh.»

Doch nun mußte sie ja wohl zur Kenntnis nehmen, daß Rich und ich zusammenlebten und daß es nicht mehr zu ändern war, auch wenn sie nichts davon wissen wollte. Jetzt mußte sie sich endlich dazu äußern.

Ich ging zum Schrank und kam mit der Nerzjacke zurück, die Rich mir zu Weihnachten geschenkt hatte. Noch nie hatte ich so ein sündteures Geschenk bekommen.

Ich zog die Jacke an. «Eigentlich ist es ja ein bißchen übertrieben», sagte ich befangen. «In San Francisco ist es meistens nicht kalt genug, um Nerz zu tragen. Aber anscheinend gilt es neuerdings als schick, seiner Freundin so was zu schenken.»

Meine Mutter sagte noch immer nichts. Sie blickte zu dem offenen Schrank hinüber, der mit Schuhen, Krawatten, Kleidern und Anzügen vollgestopft war. Dann strich sie mit den Fingern über den Pelz.

«Keine besonders gute Qualität», bemerkte sie abfällig. «Lauter zusammengenähte Reststücke. Und besonders flauschig ist sie auch nicht.»

«Wie kannst du an einem Geschenk rummäkeln!» protestierte ich verletzt. «Das ist immerhin ein Zeichen seiner Liebe!»

«Eben, deswegen mache ich mir ja Sorgen», entgegnete sie.

Ich blickte in den Spiegel und fand nicht mehr die Kraft, ihrer Willensstärke standzuhalten, dieser unheimlichen Fähigkeit, weiß in schwarz zu verwandeln. Plötzlich kam mir die Jacke nur noch schäbig vor, wie eine billige, anmaßende Nachahmung echter Romantik.

«Und sonst hast du nichts zu sagen?» fragte ich leise.

«Wozu denn?»

«Na, zu dieser Wohnung? Was du hier siehst?» Ich deutete mit einer Armbewegung auf all die unübersehbaren Beweise von Richs Präsenz.

Sie blickte sich im Zimmer um: «Du hast deine Karriere. Du bist sehr beschäftigt. Du lebst anscheinend gern in so einem Saustall. Was kann ich da noch sagen?»

«Also weißt du, ich verstehe dich einfach nicht», sagte Marlene, als ich sie nach der Sache mit der Nerzjacke anrief. «Das Finanzamt steckst du spielend in die Tasche, aber gegen deine eigene Mutter kommst du nicht an.»

«Ich versuch's ja immer wieder, aber dann verpaßt sie mir jedesmal so hinterhältige Gemeinheiten, so gezielte Sticheleien und . . .»

«Warum sagst du ihr denn nicht endlich, daß sie aufhören soll, dich zu quälen? Sag ihr einfach mal, daß sie ihr Schandmaul halten soll.»

«Sehr witzig», antwortete ich mit einem halbherzigen Lachen. «Ich soll meine Mutter auffordern, das Maul zu halten?»

«Genau.»

«Also, vielleicht steht's ja nicht direkt im Gesetzbuch, aber einer chinesischen Mutter kann man nicht den Mund verbieten. Sonst riskiert man womöglich eine Anzeige wegen Beihilfe zu seiner eigenen Ermordung.»

Ich hatte eigentlich weniger Angst vor meiner Mutter als Angst um Rich. Ich wußte nur zu gut, wie sie es anstellen würde: Erst würde sie ihn ganz ruhig beobachten, dann irgendeine Kleinigkeit kritisieren, und dann noch eine, und mit jedem Wort eine Handvoll Sand aus einer neuen Richtung werfen, bis schließlich kein gutes Haar mehr an ihm blieb. Und obgleich ich ihre Heckenschützentaktik so gut durchschaute, hatte ich Angst, daß irgendein kleiner Wahrheitssplitter auch in meinem Auge landen und mir die Sicht verwischen könnte – so daß Rich sich von dem vollkommenen Wesen, als das er mir schien, nach und nach in einen ganz alltäglichen Menschen mit unangenehmen Gewohnheiten und störenden Fehlern verwandeln würde.

Denn meine Gefühle für ihn waren noch verletzbar und würden den abschätzigen Bemerkungen und Unterstellungen meiner Mutter nicht so leicht widerstehen. Ich hatte Angst, ihn zu verlieren. Rich Schields liebte mich nämlich mit der gleichen Bedingungslosigkeit wie ich meine Tochter. Seine Gefühle für mich waren endgültig und unabänderlich. Er erwartete nichts weiter von mir, als daß ich einfach da war.

Eine so vollkommene Liebe hatte ich mir nie träumen lassen, und darum hatte ich Angst, daß meine Mutter sie zerstören könnte. Ich nahm mir vor, alles Liebenswerte an Rich gut im Gedächtnis zu behalten und meine Eltern nicht eher einzuweihen als nötig.

Schließlich überlegte ich mir einen fabelhaften Plan, wie Rich auf Anhieb meine Mutter für sich einnehmen könnte. Ich fädelte es so ein, daß sie sogar darauf bestehen würde, für ihn zu kochen. Tante Suyuan half mir dabei. Sie war die älteste Busenfreundin meiner Mutter, was bedeutete, daß sie sich gegenseitig ständig mit Prahlereien und mit Geheimnistuereien provozierten. Also spielte ich Tante Su ein Geheimnis zu, mit dem sie vor meiner Mutter angeben konnte.

Eines Sonntags schlug ich Rich nach einem Strandspaziergang vor, auf einen Sprung bei Tante Su und Onkel Canning vorbeizuschauen. Sie wohnten im gleichen Viertel wie meine Eltern. Es war spät am Nachmittag, also gerade rechtzeitig, um Tante Su bei der Abendessenvorbereitung zu überraschen.

«Bleibt doch zum Essen da», forderte sie uns prompt auf.

«Nein, nein», wehrte ich ab, «wir wollten doch nur kurz guten Tag sagen.»

«Ich hab sowieso genug für euch mitgekocht. Seht mal, eine Suppe und vier verschiedene Gerichte. Wenn ihr nicht miteßt, muß ich's nur wegwerfen. Schade drum!»

Wie hätten wir da noch ablehnen können? Drei Tage später bekam Tante Su einen Dankesbrief von uns. «Rich meint, er hat noch nie so gut chinesisch gegessen», schrieb ich ihr.

Am nächsten Tag rief meine Mutter an, um mich zu einem

nachträglichen Geburtstagsmahl für meinen Vater einzuladen. Mein Bruder würde seine Freundin Lisa Lum dabeihaben, also sollte ich auch einen Freund mitbringen.

Ich hatte gewußt, daß sie so reagieren würde, denn ihre Kochkunst war ihr ganzer Stolz; so drückte sie ihre Liebe und ihre Macht aus, und sie mußte natürlich beweisen, daß sie besser kochen konnte als Tante Su. «Hauptsache, du sagst ihr, daß du noch nie so was Gutes gegessen hast und daß es dir noch viel besser geschmeckt hat als bei Tante Su», schärfte ich Rich ein.

Am Abend des Festessens saß ich bei ihr in der Küche und sah ihr beim Kochen zu. Ich versuchte wieder einmal, den richtigen Augenblick abzupassen, um ihr von unseren Hochzeitsplänen zu erzählen.

Ich hoffte, daß sie als erste von Rich anfangen würde. Ich hatte ihr gezwungenes Lächeln beobachtet, als sie uns die Tür öffnete, und wie sie ihn von Kopf bis Fuß musterte, während sie sicher ihren Eindruck mit Tante Suyuans Beschreibung verglich. Ich versuchte, ihre Kritikpunkte schon im Kopf vorwegzunehmen.

Rich war nicht nur *kein* Chinese, er war obendrein ein paar Jahre jünger als ich. Und leider wirkte er noch jünger, als er war, mit dem roten Lockenkopf, der blassen Haut und den Sommersprossen auf der Nase. Er war etwas klein geraten und kompakt gebaut. In seinem förmlichen dunklen Anzug sah er wie ein Allerweltstyp aus, wie irgendein x-beliebiger Neffe bei einer Beerdigung. Deswegen hatte ich ihn auch das ganze erste Jahr lang in der Firma übersehen. Meine Mutter übersah jedoch nichts.

«Und wie findest du Rich?» fragte ich sie schließlich und hielt den Atem an.

Sie kippte Auberginenstücke ins heiße Öl, das heftig aufzischte. «Hat viele Flecken im Gesicht», antwortete sie.

Ich fühlte ein gereiztes Prickeln im Nacken hochsteigen. «Das sind doch bloß Sommersprossen. Die bringen sogar Glück, weißt du», sagte ich ziemlich laut, um die Küchengeräusche zu übertönen.

«So?» versetzte sie mit Unschuldsmiene.

«Na klar, je mehr, desto besser. Das weiß doch jeder.»

Sie überlegte einen Moment und sagte dann lächelnd auf chinesisch: «Das mag ja stimmen. Als du noch klein warst, da warst du auch sehr glücklich, als du die Windpocken hattest und wegen der vielen Flecken zehn Tage nicht zur Schule zu gehen brauchtest.»

In der Küche vermochte ich Richs Ansehen nicht mehr zu heben. Und beim Essen gelang es mir ebensowenig.

Er hatte eine Flasche französischen Wein mitgebracht, was meine Eltern überhaupt nicht zu schätzen wußten; sie besaßen ja noch nicht mal Weingläser. Und dann machte er auch noch den Fehler, zwei volle Gläser davon zu trinken, während alle anderen nur einen kleinen Schluck «zum Probieren» nahmen.

Ich reichte ihm eine Gabel, doch er bestand darauf, die rutschigen Eßstäbchen zu benutzen, und hielt sie so ungeschickt, daß sie wie X-Beine aussahen, als er damit ein großes Stück Aubergine aus der Soße fischte. Auf halbem Wege zu seinem Mund landete es prompt auf der blütenweißen Hemdbrust und rutschte mit einer schönen roten Spur weiter bis auf die Hose. Es dauerte einige Zeit, bis Shoshana aufgehört hatte, vor Lachen laut zu quietschen.

Dann häufte er sich mächtige Portionen von den Krabben und Erbsen auf den Teller, ohne am Beispiel der anderen zu merken, daß er nur höfliche kleine Mengen hätte nehmen dürfen, bis alle sich bedient hatten.

Und die sündteuren zarten Bohnenschößlinge verschmähte er, was Shoshana ihm natürlich sofort nachmachte; sie zeigte mit dem Finger auf ihn und rief trotzig: «Er hat sie auch nicht gegessen!»

Er hielt es wohl für besonders höflich, auf einen Nachschlag zu verzichten; statt dessen hätte er es jedoch wie mein Vater machen sollen, der sich noch mehrmals kleine Portionen von diesem und jenem auftat, weil es einfach zu köstlich sei und er nicht widerstehen könne, wie er immer wieder genüßlich schmatzend betonte.

Aber den schlimmsten Fehler machte er, als er unwissentlich die Kochkunst meiner Mutter kritisierte. Wie jede chinesische Köchin fand sie immer irgendwas an ihrem Werk auszusetzen. An jenem Abend bemängelte sie ausgerechnet eine ihrer Spezialitäten, die sie immer mit besonderem Stolz auftischte: das gedünstete Schweinefleisch in eingelegtem Gemüse.

«Ai! Da ist nicht genug Salz dran», mäkelte sie nach dem ersten Bissen. «Ist ja ungenießbar.»

Das war dann immer unser Stichwort, von dem Gericht zu kosten und es überschwenglich zu loben. Doch diesmal kam Rich uns zuvor: «Ach, das haben wir gleich, da fehlt nur ein bißchen Sojasoße.» Und damit kippte er einen ganzen Schwall von dem salzigen schwarzen Zeug über die Platte. Meine Mutter sah aus, als traute sie ihren Augen nicht.

Ich hatte die ganze Zeit gehofft, daß sie doch noch für seine sympathische Art, seinen Humor und seinen jungenhaften Charme empfänglich sein würde. Doch nun stand fest, daß er auf der ganzen Linie versagt hatte.

Rich war da allerdings ganz anderer Meinung. Als wir wieder zu Hause waren und Shoshana ins Bett gebracht hatten, bemerkte er bescheiden: «Also, ich finde, das haben wir doch prima hingekriegt.» Dabei sah er mich mit treuherzigem Dalmatinerblick an, als warte er auf seine wohlverdienten Streicheleinheiten.

«Hm–hm», entgegnete ich nur. Ich zog mir ein altes Nachthemd über den Kopf, ein Wink, daß mir nicht nach Zärtlichkeiten zumute war. Innerlich schauderte ich immer noch bei der Erinnerung, wie er meinen Eltern zum Abschied kräftig die Hand geschüttelt hatte, mit der gleichen unbekümmerten Vertraulichkeit, die er unsicheren Kunden gegenüber an den Tag legte. «Linda, Tim», hatte er gesagt, «hoffentlich auf ein baldiges Wiedersehen!» Meine Eltern heißen Lindo und Tin Jong, und außer den ältesten Freunden nennt niemand sie beim Vornamen.

«Und, was hat sie gesagt?» Ich wußte, daß er auf unsere Heiratspläne anspielte. Ich hatte ihm gesagt, daß ich es erst meiner Mutter erzählen wollte, damit sie es meinem Vater dann schonend beibringen konnte.

«Ich bin überhaupt nicht dazu gekommen, es ihr zu sagen», antwortete ich wahrheitsgemäß. Wie hätte ich denn mit unseren Heiratsplänen herausrücken können, wo meine Mutter sich bei jeder Gelegenheit darüber ausließ, wie viel teuren Wein Rich in sich hineinschüttete, wie blaß und ungesund er aussah und wie unglücklich Shoshana zu sein schien.

Rich lächelte gutmütig. «Wie lange dauert es denn zu sagen, Mom, Dad, wir wollen heiraten?»

«Das verstehst du nicht. Du kannst meine Mutter nicht verstehen.»

Rich schüttelte den Kopf. «Uff! Das kann man wohl sagen, bei dem faustdicken Akzent, den die drauf hat! Stell dir vor, als sie das von dem Toten erzählte, der im ‹Denver Clan› auftaucht, hab ich tatsächlich gemeint, das wäre vor ewigen Zeiten in China passiert!»

An jenem Abend lag ich schlaflos und angespannt im Bett und grübelte verzweifelt über diesen neuerlichen Mißerfolg nach. Daß Rich überhaupt nichts davon mitbekommen hatte, machte das Ganze nur noch schlimmer. Wie mitleiderregend er bei dem Essen gewirkt hatte! *Mitleiderregend,* allein schon dieses Wort! Das war wieder mal das Werk meiner Mutter – wie sie weiß in schwarz verwandelte. In ihren Händen war ich immer nur der Bauer. Ich konnte nur fliehen. Und sie war die Königin, die sich nach allen Richtungen frei bewegen durfte und unbarmherzig die Verfolgung aufnahm, um mich mit tödlicher Sicherheit an meinem schwächsten Punkt zu treffen.

Ich wachte spät auf, mit zusammengebissenen Zähnen, immer noch genauso angespannt. Rich war schon auf und geduscht und saß über die Sonntagszeitung gebeugt beim Frühstück. «Morgen, Schatz», sagte er und kaute geräuschvoll auf seinen Cornflakes. Ich zog den Jogginganzug an und machte, daß ich hinauskam, stieg ins Auto und fuhr zu der Wohnung meiner Eltern.

Marlene hatte ganz recht. Ich mußte es meiner Mutter endlich sagen – daß ich sie durchschaute, mit ihrer boshaften, hinterhältigen Unterdrückungstaktik. Als ich dort ankam, war ich wütend genug, um tausend fliegenden Küchenmessern die Stirn zu bieten.

Mein Vater öffnete mir die Tür und machte ein überraschtes Gesicht. «Wo ist Ma?» fragte ich atemlos. Er deutete zum Wohnzimmer hin.

Ich fand sie fest schlafend auf dem Sofa vor, den Kopf auf ein weiß besticktes Schondeckchen gestützt. Ihr Mund stand halb offen, und alle Falten waren aus ihrem Gesicht verschwunden. Sie wirkte fast wie ein junges Mädchen, verletzlich, arglos und unschuldig. Der eine Arm hing schlaff über die Sofakante, und ihre Brust bewegte sich nicht. All ihre Kraft war von ihr gewichen. Ihre Waffen und Dämonen waren lahmgelegt. Sie wirkte ihrer ganzen Macht beraubt, wie besiegt.

Plötzlich packte mich die Angst, daß sie vielleicht tot sein könnte, gestorben, während ich so schreckliche Dinge über sie dachte. Ich hatte sie aus meinem Leben fortgewünscht, und sie hatte sich meinem Wunsch gefügt und ihren Körper verlassen, um meinem Haß zu entfliehen.

«Ma!» stieß ich heftig hervor. «Ma!» Ich fing an zu weinen.

Langsam schlug sie die Augen auf. Sie wandte mir mit verschlafenem Blinzeln den Kopf zu. «*Schemma?* Meimei-ah? Bist du es?»

Ich war sprachlos. Sie hatte mich schon jahrelang nicht mehr Meimei genannt. Sie setzte sich auf, und nun traten die Falten in ihrem Gesicht wieder in Erscheinung, doch sie wirkten weniger ausgeprägt, wie sanfte Sorgenfalten. «Was machst du denn hier? Warum weinst du? Was ist passiert?»

Ich wußte nichts zu erwidern. In Sekundenschnelle hatte meine Wut über ihre Kraft sich in Verblüffung über ihre Unschuld und Angst wegen ihrer Verletzlichkeit verwandelt. Ich fühlte mich seltsam hilflos und schwach, als hätte jemand plötzlich den Stekker rausgezogen und den Stromkreis in mir unterbrochen.

«Nichts ist passiert. Alles in Ordnung. Ich weiß selbst nicht genau, warum ich hergekommen bin», sagte ich schließlich heiser. «Ich wollte nur mal mit dir reden ... ich wollte dir sagen ... Rich und ich wollen nämlich heiraten.»

Ich kniff die Augen zu und erwartete den unvermeidlichen Proteststurm, ihr empörtes Gejammer, irgendeine abschätzige Bemerkung.

«*Jrdaule* – das hab ich gewußt», sagte sie ruhig, als wundere sie sich, wieso ich es ihr noch mal erzählte.

«Was? Das wußtest du schon?»

«Natürlich. Auch wenn du's mir nicht gesagt hast.»

Das war ja noch schlimmer, als ich mir vorgestellt hatte. Sie hatte es also schon die ganze Zeit gewußt, als sie die Nerzjacke schlechtmachte, über seine Sommersprossen spottete und seine Trinkgewohnheiten kritisierte. Sie lehnte ihn ab. «Ich weiß, du kannst ihn nicht leiden», sagte ich mit zitternder Stimme. «Du findest ihn nicht gut genug, aber ich . . .»

«Wie kommst du denn darauf?»

«Du willst doch nie mit mir über ihn reden. Neulich, als ich dir von ihm und Shoshana im Exploratorium erzählen wollte, da hast du schnell das Thema gewechselt und von Dads Operation angefangen . . .»

«Was ist denn wichtiger, Spaß oder Krankheit?»

Diesmal sollte sie mir aber nicht so leicht davonkommen. «Und dann hast du gestern gleich seine Flecken im Gesicht erwähnt!»

Sei blickte mich verwundert an. «Aber die hat er doch auch!»

«Ja, klar, aber du hast es extra gemacht, um mich zu verletzen . . .»

«Ai-ya, wie kannst du nur so schlecht von mir denken?» Ihr Gesicht wirkte ganz eingefallen vor Kummer. «Du glaubst also, deine Mutter ist so boshaft. Du bildest dir ein, daß ich immer irgendwelche fiesen Sachen unterstellen will. Dabei tust du das selbst! Ai-ya! Für so böse hältst du mich also!» Kerzengerade und würdevoll saß sie da, die Lippen fest zusammengepreßt, die Hände ineinandergekrampft, mit Zornestränen in den Augen.

Oh, ihre Kraft! Ihre Verletzlichkeit! – Ich fühlte mich wie gebeutelt, zwischen Verstand und Gefühl hin und her gerissen. Ich ließ mich neben ihr aufs Sofa sinken. Wir hockten stumm nebeneinander.

Ich kam mir wie besiegt vor, obwohl ich doch eigentlich gar nicht gekämpft hatte – nur noch leer und ausgepumpt. «Ich fahr jetzt nach Hause», sagte ich schließlich. «Ich fühle mich nicht so besonders.»

«Bist du krank?» erkundigte sie sich besorgt und legte mir die Hand auf die Stirn.

«Nein.» Ich wollte nur noch fort. «Ich . . . ich weiß auch nicht, was mit mir ist.»

«Dann werde ich es dir sagen», antwortete sie. Ich starrte sie verblüfft an. «Die Hälfte von allem, was in dir ist», erklärte sie auf chinesisch, «stammt von deinem Vater. Das ist ganz natürlich. Der Jong-Klan kommt aus Kanton. Es sind gute, rechtschaffene Leute, wenn auch manchmal etwas griesgrämig und knickerig. Du weißt ja, wie dein Vater manchmal sein kann, wenn ich ihn nicht ermahne.»

Warum erzählt sie mir das alles, dachte ich. Was hat das denn damit zu tun? Doch meine Mutter redete eifrig weiter und unterstrich ihre Worte mit ausladenden Gesten: «Und die andere Hälfte hast du von mir; die stammt vom Sun–Klan aus Taiyuan.» Sie malte die Schriftzeichen auf einen Briefumschlag, obwohl ich gar keine chinesische Schrift lesen konnte.

«Wir sind ein starker, gewitzter Menschenschlag, der für seine Siege im Krieg berühmt ist. Du kennst doch Sun Yatsen?»

Ich nickte.

«Der stammt auch aus dem Sun-Klan. Aber seine Familie ist schon vor Jahrhunderten nach Süden gezogen, deswegen ist er nicht direkt mit uns verwandt. Meine Familie hat immer in Taiyuan gelebt, sogar schon vor der Zeit von Sun Wei. Weißt du, wer das war?»

Ich schüttelte den Kopf. Es war mir zwar immer noch nicht klar, worauf sie hinauswollte, aber ich war erleichtert. Zum ersten Mal seit langem schienen wir eine annähernd normale Unterhaltung zu führen.

«Er hat gegen Dschingis Khan gekämpft. Und als die Mongolen auf Sun Weis Truppe schossen – he! –, da prallten ihre Pfeile von den Schilden ab wie Regentropfen von Steinen. Sun Wei hatte so starkes Rüstzeug, daß Dschingis Khan es für verzaubert hielt.»

«Dann muß Dschingis Khan sich aber auch Zauberpfeile beschafft haben», warf ich ein, «denn immerhin hat er dann schließlich China erobert.»

Meine Mutter tat so, als hätte sie mich nicht richtig verstanden: «Das stimmt, wir haben schon immer zu siegen gewußt. Und jetzt weißt du, was du in dir hast, fast nur die guten Wesenszüge aus Taiyuan.»

«Dann haben wir uns wohl inzwischen dahin entwickelt, unsere Siege nur noch in der Spielzeug- und Elektronikbranche davonzutragen», bemerkte ich trocken.

«Woher weißt du das?» fragte sie gespannt.

«Das sieht man doch überall. *Made in Taiwan.*»

«Ai!» rief sie empört. «Ich bin doch nicht aus Taiwan!»

Und schon hatte unser kurzfristiges Einverständnis sich wieder verflüchtigt.

«Ich bin in China geboren, in *Taiyuan*», sagte sie mit Nachdruck. «Taiwan ist doch nicht China!»

«Ich hab ja auch nur gedacht, daß du Taiwan meinst, weil es genauso klingt!» verteidigte ich mich gereizt. Wie konnte sie einen harmlosen Irrtum nur so ernst nehmen?

«Das klingt überhaupt nicht genauso! Das sind total verschiedene Länder!» beharrte sie gekränkt. «Die Leute in Taiwan bilden sich bloß ein, daß es zu China gehört, weil Chinesen sich innerlich niemals von ihrer Heimat trennen können.»

Darauf schwiegen wir beide. Es war eine Patt-Situation. Doch auf einmal leuchteten ihre Augen auf. «Hör zu! Du kannst Taiyuan auch Bing nennen. Alle Einheimischen tun das. Das ist leichter auszusprechen. Bing ist so was wie ein Kosename.»

Sie malte das Schriftzeichen dafür auf, und ich nickte, als sei nun alles klar. «Das gibt's hier ja auch», fügte sie auf englisch hinzu. «Für New York sagt man Apple. Und San Francisco nennt man Frisco.»

«Niemand nennt San Francisco so!« lachte ich. »Höchstens die Leute, die es nicht besser wissen.»

«Na also, jetzt verstehst du, was ich meine», stellte meine Mutter befriedigt fest.

Ich lächelte.

Denn ich hatte sie tatsächlich endlich verstanden.

Ich begriff, wofür sie gekämpft hatte: Für mich, ein kleiner Angsthase, der vor langer Zeit einmal fortgelaufen war zu einem Ort, wo er sich in Sicherheit gewähnt hatte. Und in meinem Versteck, hinter dem unsichtbaren Schutzwall, wußte ich, was auf der anderen Seite drohte: ihre Angriffe aus dem Hinterhalt. Ihre Geheimwaffen. Ihr untrügliches Gespür für meine Schwächen. Aber nun, da ich einen Blick über meinen Schutzwall riskiert hatte, konnte ich endlich erkennen, wer mir wirklich gegenüberstand: Eine alte Frau, die nur ihr Kochgeschirr als Rüstzeug besaß und ihre Stricknadel als Schwert, und die allmählich etwas ungehalten wurde, weil ihre Tochter sie schon so lange draußen warten ließ.

Mariama Bâ

Das ist nun einmal das Los der Mutter

Aïssatou, meine großen Kinder bereiten mir Sorgen. Mein Kummer schwindet dahin, wenn ich an meine Großmutter denke, die in der Volksweisheit für jede Gelegenheit eine passende Redensart fand. Sie pflegte zu sagen: «Die Familienmutter hat keine Zeit zum Verreisen. Aber zum Sterben hat sie Zeit.» Sie jammerte, wenn sie trotz aller Müdigkeit ihre Arbeit in Angriff nehmen mußte:

«Ach, hätte ich nur ein Bett, um mich auszustrecken.»

Schelmisch wies ich auf die drei Betten in ihrem Haus hin. Sie wurde ärgerlich: «Du hast das Leben noch vor dir. Möge Gott dich auch mal in meine Lage bringen.»

Und da bin ich nun heute «in ihrer Lage».

Ich hatte geglaubt, daß ein Kind ohne Probleme zur Welt käme und aufwüchse. Ich hatte mir eingebildet, daß, wenn man ihm einen geraden Weg vorzeichnete, es ihm fröhlich folgen würde. Aber ich erkannte zu meinem Leidwesen die Richtigkeit der Prophezeiungen meiner Großmutter.

«Von denselben Eltern abzustammen, führt nicht unbedingt dazu, daß Kinder sich ähneln. Ihr Charakter und ihr Aussehen können grundverschieden sein. Sie sind es übrigens oft.»

Um die Angst vor der Zukunft, die ihre Worte auslösen könnten, zu dämpfen, bot meine Großmutter Lösungen an:

«Verschiedene Charaktere erfordern verschiedene Erziehungsmethoden. Hier Härte, da Verständnis. Die Ohrfeigen, die bei den ganz Kleinen Wirkung zeigen, bringen die Größeren nur auf. Die Nerven haben täglich eine harte Probe zu bestehen! Aber das ist nun einmal das Los der Mutter.»

Wackere Großmutter, aus deinen Lehren und deinem Beispiel schöpfte ich den Mut, der mich nicht verzweifeln ließ in Augenblicken schwieriger Entscheidungen.

Eines schönen Abends hatte ich das Trio (wie man sie in der Familie nennt) Arame, Yacine und Dieynaba in ihrem Zimmer beim Rauchen überrascht. Alles in ihrem Verhalten verriet die Gewohnheit: die Art und Weise, wie sie die Zigarette zwischen die Finger klemmten, wie sie sie elegant zu den Lippen führten, wie sie mit Kennermiene den Rauch inhalierten. Die Nasenflügel bebten und ließen den Rauch entweichen. Und diese jungen Damen atmeten den Rauch so ganz einfach ein und aus beim Wiederholen ihrer Lektionen, beim Abfassen ihrer Hausaufgaben. Sie genossen ihr Vergnügen gierig, hinter der geschlossenen Tür, denn ich versuche, soweit wie möglich ihre persönliche Sphäre zu respektieren.

Dieynaba, Arame und Yacine ähneln mir, heißt es. Eine hilfsbereite Freundschaft verbindet sie, von vielen Gemeinsamkeiten getragen; sie bilden gegenüber meinen anderen Kindern einen Block mit denselben defensiven oder mißtrauischen Reaktionen; sie tauschen untereinander Kleider, Hosen und Blusen aus, denn sie haben fast dieselbe Figur. Ich brauchte niemals in ihre Auseinandersetzungen einzugreifen. Das Trio steht in dem Ruf, lernbegierig zu sein.

Aber sich nun die Freiheit zu nehmen und zu rauchen! Mein Zorn traf sie wie ein Blitz. Die Überraschung ärgerte mich ungeheuer. Der Mund einer Frau, der statt Wohlgeruch beißenden Tabaksgeruch ausströmt! Zähne einer Frau von Nikotin geschwärzt, anstatt strahlend weiß zu glänzen! Ihre Zähne waren trotzdem weiß. Wie sie das wohl erreicht hatten?

Ich fand das Tragen von Hosen scheußlich, wenn man nicht die Konstitution und schmalwüchsigen Formen hat wie die westlichen Frauen. Die Hose unterstreicht die drallen Formen der Negerin, welche noch besonders betont werden durch eine starke Veranlagung zum Hohlkreuz. Aber ich hatte dem Ansturm dieser Mode nachgegeben, die einzwängte und drückte, anstatt zu befreien. Da meine Töchter «in» sein wollten, hatte ich es akzeptiert, daß die Hose Bestandteil ihrer Garderobe wurde.

Ich hatte ganz plötzlich Angst vor all den Nebenerscheinungen des Fortschritts. Tranken sie etwa auch? Wer weiß, ein Laster kommt selten allein. Sollte denn der moderne Lebensstil nicht möglich sein, ohne gleichzeitig die Sitten zu verderben?

War ich dafür verantwortlich, weil ich meinen Töchtern ein bißchen Freiheit gelassen hatte? Mein Großvater verweigerte den jungen Leuten den Zugang zu unserem Haus. Um zehn Uhr abends machte er, mit einer Glocke in der Hand, die Besucher darauf aufmerksam, daß die Eingangstür verschlossen würde. Er übertönte das Gebimmel der Glocke mit dem immer gleichen Befehl: «Wer nicht hier wohnt, soll verschwinden!»

Ich ließ meine Töchter hin und wieder ausgehen. Sie gingen ohne meine Begleitung ins Kino; sie erhielten Besuch von Freundinnen und Freunden. Ich hatte Argumente zur Rechtfertigung meiner Haltung: Ab einem gewissen Alter öffnen sich Jungen wie Mädchen unweigerlich dem Gefühl der Liebe. Ich wünschte, daß meine Töchter dieses Gefühl auf gesunde Weise entdecken, ohne Schuldgefühle, ohne Geheimniskrämerei, ohne Entwürdigung. Ich versuchte, ihre Beziehungen zu durchschauen; ich sorgte für ein Klima, das Anstand und Vertrauen begünstigte.

Und da haben sie nun von ihren Bekanntschaften die Gewohnheit zu rauchen angenommen. Und ich hatte keine Ahnung, ich, die ich immer alle bevormunden wollte. Wieder kam mir die Weisheit meiner Großmutter in den Sinn: «Selbst ein gut gefütterter Bauch versorgt sich noch hintenherum.»

Ich mußte nachdenken. Eine Neuregelung war unumgänglich, um dem Übel Einhalt zu gebieten. Für die neue Generation eine neue Methode, hätte zweifellos meine Großmutter vorgeschlagen.

Ich nahm es hin, als «passé» zu gelten. Die Schädlichkeit des Tabaks war mir bekannt, und ich konnte seinen Genuß nicht gutheißen. Mein Gewissen sträubte sich ebensosehr dagegen wie gegen den Genuß von Alkohol.

Von da an verfolgte ich unaufhörlich seinen Geruch. Der spielte mit meiner Wachsamkeit Verstecken. Hinterlistig und ironisch neckte er meine Nase und verschwand dann. Sein bevorzugter Zufluchtsort waren die Toiletten, vor allem nachts. Aber er wagte es nicht mehr, sich frech und ungeniert breitzumachen.

Heute konnte ich das Abendgebet nicht auf meine Weise beenden: Wildes Geschrei auf der Straße hat mich von der Matte, auf der ich saß, aufspringen lassen. Als ich auf der Veranda stand, sah ich meine Söhne Alioune und Malick weinend herankommen. Sie waren in einem erbärmlichen Zustand: zerrissene Kleider, von Stürzen verschmutzte Körper, blutige Knie unter der Hose; ein breiter Riß klaffte im rechten Ärmel von Malicks Pullover, und auf derselben Seite hing der Arm jämmerlich herab. Eines der Kinder, die ihn stützten, erklärte mir: «Ein Motorradfahrer hat Malick und Alioune umgefahren. Wir haben Fußball gespielt.»

Ein junger Mann mit langen Haaren, heller Brille und *gri-gri* am Hals kam näher. Sein Jeansanzug war vom grauen Straßenstaub bedeckt. Die Kinder, deren Zielscheibe er war, setzten ihm mächtig zu, und da stand er nun, mit einer roten Wunde am Bein und sichtlich verlegen ob soviel Feindseligkeit. Mit höflichen Worten und Gesten, die mit seiner saloppen Aufmachung kontrastierten, entschuldigte er sich. «Ich habe die Kinder zu spät gesehen, als ich links abbog. Ich glaubte, der Weg sei frei in dieser Einbahnstraße. Ich war nicht auf die Idee gekommen, daß sich dort Kinder einen Spielplatz eingerichtet hätten. Ich habe gebremst, umsonst. Ich bin auf die Steine, die das Tor markierten, aufgefahren. Bei meinem Sturz habe ich Ihre beiden Söhne und noch drei andere Jungen mitgerissen. Ich bitte um Entschuldigung.»

Der junge Mann mit dem Motorrad überrascht mich angenehm. Ich schimpfe los, aber nicht auf ihn. Ich weiß, wie schwierig es ist, in den Straßen der Stadt und überhaupt der Medina zu fahren, weil ich es selbst erlebt habe. Die Straße ist der bevorzugte Fußballplatz für die Kinder. Wenn sie davon Besitz ergreifen, vergessen sie die übrige Welt. Sie gebärden sich wie die Verrückten im Kampf um den Ball. Manchmal ist ein dicker, verschnürter, abgerundeter Lappen das Ziel ihres Eifers. Was macht's! Der Autofahrer kann nur Zuflucht nehmen zu seinen Bremsen, seiner Hupe und seiner Kaltblütigkeit; ein unordentliches Spalier wird für ihn gebildet, das sich sogleich wieder im Getümmel schließt. Hinter ihm geht das Geschrei verstärkt weiter.

«Junger Mann, Sie sind nicht schuld. Der Fehler liegt bei meinen Söhnen. Sie sind meiner Wachsamkeit entwischt, als ich betete. Gehen Sie, junger Mann, oder besser, warten Sie, damit ich Alkohol und Watte für Ihre Wunde holen lasse.» Aïssatou, deine Namensschwester, bringt Jod und Watte. Sie behandelt den Unbekannten, dann Alioune. Die Kinder aus dem Viertel sind nicht einverstanden mit meiner Reaktion. Sie hätten dem «Schuldigen» eine Strafe gewünscht. Ich halte ihnen eine Standpauke. Ach, diese Kinder! Sie verursachen einen Unfall und wollen obendrein noch bestrafen.

Malicks herunterhängender Arm scheint mir gebrochen zu sein. Er hält ihn anormal. «Aïssatou, schnell, schnell. Bringe ihn ins Krankenhaus. Wenn du Mawdo nicht findest, wende dich an den Notdienst. Geh, geh, mein Mädchen.»

Aïssatou zieht sich rasch an und hilft Malick, sich zu säubern und umzuziehen. Das geronnene Blut der Wunden hinterläßt dunkle und eklige Flecken auf dem Fußboden. Wie ich sie wegwische, muß ich an die Gleichheit der Menschen denken: dasselbe rote Blut, das dieselben Organe durchströmt. Diese Organe, die bei allen Menschen an derselben Stelle sitzen, erfüllen dieselben Funktionen. Dieselben Mittel heilen dieselben Krankheiten überall auf der Welt, ob der Mensch nun schwarz oder weiß ist. Alles eint die Menschen. Warum also töten sie sich in gemeinsamen Kämpfen aus – in Anbetracht des Hinschlachtens menschlichen Lebens – nichtigen Gründen? So viele verheerende Kriege! Und doch hält sich der Mensch für ein überlegenes Wesen. Wofür hat er seine Intelligenz? Seine Intelligenz schafft ebenso das Schöne wie das Üble, öfter das Böse als das Gute.

Ich nehme wieder auf der mit einer grünen Moschee dekorierten Matte Platz, die ebenso für meinen alleinigen Gebrauch bestimmt ist wie der Wasserkessel für meine Waschungen. Alioune schnüffelt immer noch und drängelt Ousmane von seinem Platz an meiner Seite in der Hoffnung auf Trost, den ich ihm verweigere. Ich nutze im Gegenteil die Gelegenheit, ihm eine kleine Predigt zu halten: «Die Straße ist kein Spielplatz. Heute bist du noch einmal gut davongekommen. Aber morgen! Paß auf ... Du wirst dir auch noch irgendwas brechen wie dein Bruder.»

Alioune wehrt sich: «Aber es gibt im ganzen Viertel keinen Fußballplatz. Die Mütter wollen nicht, daß in den Höfen Fußball gespielt wird. Was sollen wir also machen?» Seine Frage ist berechtigt. Die für den Städtebau Verantwortlichen müssen Spielplätze vorsehen, ebenso wie sie für Grünanlagen sorgen.

Nach Stunden kommen Aïssatou und Malick aus dem Krankenhaus zurück, wo Mawdo sich ihrer wieder einmal angenommen hat. Malicks Gipsverband zeigt mir, daß sein hängender Arm tatsächlich gebrochen war. Ach, die Kinder lassen einen die Freude, sie in die Welt gesetzt zu haben, teuer bezahlen.

Meine Freundin, die unglücklichen Ereignisse häufen sich entschieden. Ich bin so geschaffen: Wenn mich das Unglück einmal gepackt hat, läßt es mich nicht mehr los.

Deine Namensschwester Aïssatou ist seit drei Monaten schwanger. Farmata, die Griote (Griote = Zauberin) mit den Kaurimuscheln, hat mich geschickt zu dieser verheerenden Entdekkung hingelenkt. Wahrscheinlich hat das allgemeine Geschwätz sie darauf gebracht oder einfach ihre hochentwickelte Beobachtungsgabe.

Jedesmal, wenn sie ihre Muscheln warf, um unseren jeweiligen Streit zu unterbrechen (unsere Meinungen stimmten in keinem Punkt überein), gab sie ein «han» der Unzufriedenheit von sich. Unter starkem Geseufze zeigte sie mir im Durcheinander der Kaurimuscheln: ein junges Mädchen in anderen Umständen.

Ich hatte wohl das plötzliche Abmagern deiner Namensschwester bemerkt, ihren Mangel an Appetit, das Anschwellen ihrer Brüste: lauter Anzeichen, die auf ihre beginnende Schwangerschaft hinwiesen.

Aber die Pubertät verändert die Heranwachsenden auch; sie läßt sie dicker oder dünner werden, läßt sie wachsen. Außerdem hatte Aïssatou kurz nach dem Tod ihres Vaters einen heftigen Malariaanfall gehabt, den Mawdo Bâ wirksam behandelt hat. In der Zeit schon hatte sie ihre Rundungen eingebüßt.

Aïssatou wollte nicht wieder zunehmen, um eine schlanke Taille zu behalten. Ich schrieb ihren geringen Appetit und ihre Ablehnung gewisser Gerichte natürlich dieser neuen Manie zu. So dünn, wie sie war, konnte sie in ihren Hosen Kahn fahren, und zu meiner großen Freude trug sie nur noch Kleider.

Der kleine Oumar machte mich wohl darauf aufmerksam, daß Aïssatou sich jeden Morgen, wenn sie ihn wusch, in ihrem Badezimmer erbrechen mußte. Aber als ich Aïssatou fragte, leugnete sie und sprach vom Ausspucken von mit Zahnpasta vermischtem Wasser. Oumar sagte nichts mehr von Erbrechen. Meine Sorge konzentrierte sich auf andere Dinge.

Wie hätte ich mir die plötzlich zutage tretende Wahrheit auch vorstellen können? Wie hätte ich erraten können, daß meine Tochter, die mich in meinem Ärger anläßlich der Zigarettengeschichte beruhigte, sich einem weit schlimmeren Spiel hingab? Das erbarmungslose Schicksal überraschte mich wieder einmal.

Farmata verlieh «dem schwangeren jungen Mädchen» ihrer Muscheln jeden Tag ein bißchen mehr Nachdruck. Sie zeigte es mir. Sie hatte Mitleid mit seinem Zustand. Ihr Verhalten war vielsagend: «Sieh her! Nun sieh doch mal! Diese einzelne Kaurimuschel mit der Öffnung nach oben. Und schau hier diese andere Muschel, die sich einpaßt, mit der weißen Seite nach oben: wie ein Topf mit seinem Deckel. Das Kind ist im Bauch, es bildet einen Körper mit seiner Mutter. Die Gruppe der beiden Muscheln ist isoliert: Es handelt sich also um eine Frau ohne Bindung, eine junge Frau ohne Ehemann. Aber da die Muscheln winzig sind, handelt es sich sicher um ein junges Mädchen.»

Und ihre Hand warf immer wieder die geschwätzigen Kaurimuscheln aus. Sie fielen auseinander, stießen zusammen, lagen übereinander. Ihr prophetisches Geklingel füllte den Korb, und immer wieder lag dieselbe Gruppe von zwei Muscheln getrennt, um eine Notlage zu enthüllen. Ich folgte ihrer Ausdrucksform ohne Begeisterung.

Und eines Abends, als Farmata meine Naivität satt hatte, wagte sie sich hervor: «Frage deine Töchter aus, Ramatoulaye. Frage sie aus. Eine Familienmutter muß pessimistisch sein.»

Ihre Hartnäckigkeit verwirrte und beunruhigte mich, und ich ging auf ihren Vorschlag ein. Aus Angst, ich könnte meine Meinung wieder ändern, drang Farmata mit ihrem Gang einer feingliedrigen Gazelle in Aïssatous Zimmer vor. Sie verließ es wieder mit einem triumphierenden Leuchten in den Augen. Aïssatou folgte ihr weinend. Farmata verscheuchte Ousmane, der sich in meinen Bubu kuschelte, verriegelte die Tür und erklärte: «Die Kaurimuscheln können sich nicht jeden Tag irren. Wenn sie derartig hartnäckig sind, heißt das, daß etwas nicht stimmt. Wasser und Sand haben sich zu Schlamm vermischt. Trage deinen Schlamm zusammen. Aïssatou leugnet ihren Zustand nicht. Ich habe sie gerettet, indem ich dir klargemacht habe, was los ist. Du hast nichts geahnt. Sie wagte nicht, sich dir anzuvertrauen. Alleine wärt ihr niemals mit dieser Situation fertiggeworden.»

Die Erregung schnürte mir die Kehle zu. Ich, die ich so schnell mit Vorwürfen bei der Hand war, ich schwieg. Ich war ganz benommen und erstickte fast vor Hitze. Ich schloß die Augen, öffnete sie dann wieder. Ich kaute auf meiner Zunge.

Die erste Frage, die einem bei einer derartigen Entdeckung in den Sinn kommt, ist: Wer? Wer hat diesen Raub begangen, denn um Raub geht es; wer hat diesen Schaden angerichtet, denn um einen Schaden handelt es sich! Wer hat es gewagt? Wer? ... Wer? ... Aïssatou nannte einen gewissen Ibrahima Sall, der sehr schnell in ihren Reden einfach zu Iba wurde.

Ich sah mit Bestürzung meine so gut erzogene Tochter an, die so zärtlich mit mir war, so hilfsbereit im Haus, so tüchtig in jeder Hinsicht. Wie ließen sich so viele Qualitäten mit einem derartigen Betragen vereinbaren?

Iba ist Student an der Universität, Jurastudent. Sie hatten sich beim Geburtstag einer Freundin kennengelernt. Iba holte sie gelegentlich von der Schule ab, wenn sie mittags nicht «heimkam». Er hatte sie zweimal in sein Zimmer im Studentenwohnheim eingeladen. Sie gestand, mit ihm glücklich zu sein. Nein, Iba hatte sie nicht gedrängt, hatte keine Forderungen gestellt. Alles war ganz natürlich zwischen ihnen gekommen. Iba wußte über ihren Zustand Bescheid. Er hatte die Dienste eines Freundes, der «ihr helfen» wollte, zurückgewiesen. Er hielt zu ihr. Er war Stipendiat und fest entschlossen, sich für den Unterhalt seines Kindes selbst einzuschränken.

Ich erfuhr alles in einem Zug, mit einer Stimme voller Schluchzen und von Geschnüffel unterbrochen, aber ohne jedes Bedauern! Aïssatou senkte den Kopf. Ich erkannte meine Tochter an ihrem aufrichtigen Bericht. Ich erkannte sie am vollständigen Sich-Hingeben an diesen Geliebten, dem es gelungen war, sich neben mir einen Platz in ihrem Herzen zu erobern. Aïssatou senkte den Blick im Bewußtsein des Schmerzes, der mich erfüllte, mich, die ich schwieg. Meine Hand stützte meinen müden Kopf. Aïssatou schlug die Augen nieder. Sie spürte, wie sich mein Herz zusammenzog. Sie wußte wohl, was sie mir da angetan hatte, in meiner Lage als eben erst verwitwete und zuvor sitzengelassene Frau.

Unter den Mädchen war sie, abgesehen von Daba, die Älteste. Die Älteste sollte ein Beispiel sein ... Meine Zähne knirschten vor Zorn ... Wie ein Rettungsring kam mir die Erinnerung an die liebevolle und tröstliche Haltung meiner Tochter während meines Unglücks, während der langen Jahre der Einsamkeit, und ich beherrschte meine Erschütterung. Ich besann mich auf Gott, wie bei jedem dramatischen Geschehen in meinem Leben. Wer entscheidet über Tod und Leben? Gott, der Allmächtige!

Und schließlich ist man Mutter, um auch das Unerklärliche zu verstehen. Man ist Mutter, um die Finsternis aufzuhellen. Man ist Mutter, um Schutz zu gewähren, wenn Blitze durch die Nacht zucken, wenn der Donner die Erde erschüttert, wenn alles im Schlamm versinkt. Man ist Mutter, um zu lieben, ohne Anfang und ohne Ende.

Ich will ein Verteidigungswall sein zwischen allen Widrigkeiten und meiner Tochter. In diesem Augenblick der Konfrontation wurde mir bewußt, wieviel mich mit meinem Kind verband. Die Nabelschnur regte sich wieder, diese Verbindung, die auch der Flut der Angriffe und der Dauer der Zeit standhält. Ich sah sie wieder als Neugeborenes, das in seinen rosa Windeln strampelt, mit seinem winzigen, zerknitterten Gesichtchen unter dem seidigen Haar. Ich konnte sie nicht im Stich lassen, wie der Stolz es mir auferlegte. Ihr Leben und ihre Zukunft stellten einen so gewaltigen Einsatz dar, daß dies die Tabus zerstörte und mein Herz und meinen Verstand von seiner Vorrangigkeit überzeugte. Das Leben, das in ihr bebte, prüfte mich. Es hatte Eile, sich zu entfalten. Es zitterte, um Schutz zu erbitten.

Ich bin es, die sich nicht auf der Höhe gezeigt hat. Ich war voller Optimismus gewesen und hatte nichts geahnt von ihrem Gewissenskonflikt, vom Aufwallen ihres Wesens, von ihren quälenden Gedanken, vom Wunder, das sie in sich trug.

Man ist Mutter, um sich der Sintflut entgegenzustellen. Sollte ich angesichts der Scham meines Kindes, seiner aufrichtigen Reue, angesichts seines Elends und Jammers Drohungen aussprechen?

Ich nahm meine Tochter in die Arme. Ich drückte sie mit Schmerzen in meinen Armen, mit verstärkter Kraft, die aus heidnischer Auflehnung und primitiver Zärtlichkeit kam. Sie weinte. Sie schluchzte.

Wie hatte sie, alleingelassen, mit ihrem Geheimnis leben können? Ich war zutiefst betroffen von der Anstrengung und der Selbstbeherrschung, die dieses Kind aufgebracht hatte, um meinem Zorn zu entgehen, wenn ihr schwindlig wurde oder wenn sie mich bei meiner turbulenten Kinderschar vertrat. Mir war elend. Ich stöhnte. Mir war zutiefst elend.

Mit übermenschlicher Anstrengung riß ich mich zusammen. Mut! Die Schatten wichen. Mut! Das Licht wurde zur beruhigenden Klarheit. Aus dem inneren Tumult ging mein Entschluß, zu helfen und zu beschützen, hervor. Er wurde immer fester, je länger ich die Tränen trocknete, je länger ich die brennende Stirn streichelte.

Gleich morgen werde ich mich mit der kleinen Aïssatou beraten.

Farmata war erstaunt. Sie hatte Klagen erwartet: Ich lächelte. Sie hatte heftige Vorwürfe gewollt: Ich tröstete. Sie hatte sich Drohungen gewünscht: Ich verzieh.

Sie würde tatsächlich niemals wissen, woran sie mit mir war.

Eine Sünderin mit Liebe zu überschütten, ging über ihr Begriffsvermögen. Sie hatte von einer aufwendigen Hochzeitsfeier für Aïssatou geträumt, die sie entschädigen würde für meine dürftige Hochzeit, als sie noch ein junges Mädchen war, aber schon damals wie ein Schatten meinen Schritten folgte. Sie pflegte dich, Aïssatou, zu rühmen, denn du würdest ihr viel Geld zur Hochzeit deiner Namensschwester schenken. Die Geschichte mit dem Fiat regte ihren Appetit noch an, und sie hielt dich für sagenhaft reich. Sie träumte von Festlichkeiten, und da hatte dieses Mädchen sich einem jungen, mittellosen Studenten hingegeben, der sich ihr niemals dankbar erweisen würde. Sie machte mir meine Ruhe zum Vorwurf.

«Du hast noch mehr Töchter. Nimm eine Haltung an, die du beibehalten kannst. Du wirst schon sehen. Wenn Aïssatou ‹so was› macht, dann frage ich mich, was dein Rauchertrio alles anstellen wird. Überschütte deine Tochter nur mit Zärtlichkeiten, Ramatoulaye, du wirst schon sehen.»

Ich werde in der Tat sehen, indem ich Ibrahima Sall für den nächsten Tag zu mir bestelle . . .

Ibrahima Sall trat zur vereinbarten Stunde in mein Zimmer. Seine Pünktlichkeit gefiel mir.

Er war groß, einfach gekleidet. Alles in allem charmante Gesichtszüge. Aber bemerkenswert schöne Augen, samten und zärtlich im Schmuck der langen Wimpern. Man würde sie sich im Gesicht einer Frau wünschen . . . das Lächeln ebenfalls.

Mein Blick blieb an seinen Zähnen haften. Keine verräterischen Zwischenräume. Ibrahima Sall verkörperte, mit einer ungezwungenen Note, durchaus den jungen ersten Verführer. Er gefiel mir, und ich konstatierte mit Erleichterung seine Sauberkeit: kurze, gepflegte Haare, geschnittene Fingernägel, geputzte Schuhe. Er mußte ein Mann der Ordnung sein, kein Betrüger also.

Ich hatte ihn zu mir beordert, und er war es, der unsere Unterredung in die Hand nahm.

«Wie oft schon wollte ich diese Unterredung herbeiführen, um

Sie zu unterrichten. Ich weiß, was ein Kind für seine Mutter bedeutet, und Aïssatou hat mir so viel von Ihnen und Ihrem gegenseitigen Verhältnis erzählt, daß ich glaube, Sie zu kennen. Ich suche keine Abenteuer. Ihre Tochter ist meine erste Liebe. Ich möchte, daß sie die einzige sei. Ich bedaure, was vorgefallen ist. Ich werde Aïssatou heiraten, wenn Sie einverstanden sind. Meine Mutter wird sich um ihr Kind kümmern. Wir werden weiterstudieren.»

Damit hatte er in knapper und guter Form all das gesagt, was ich zu hören wünschte. Was sollte ich antworten? Sollte ich ohne weiteres seinen Vorschlägen zustimmen? Farmata, die bei der Unterredung anwesend war, war auf der Hut. Sie provozierte ihn: «Du bist wirklich der erste.»

«Ja», bestätigte Iba Sall.

«Dann setze deine Mutter in Kenntnis. Wir oder ich werden sie morgen aufsuchen, um sie von deiner Schandtat zu unterrichten. Sie soll viel Geld sparen, um meine Nichte zu entschädigen. Und überhaupt, hättest du nicht warten können, bis du eine Stellung hast, ehe du den Mädchen nachläufst?»

Ibrahima Sall nahm die Bemerkungen der Griote gelassen hin. Vielleicht kannte er sie dem Namen und dem Charakter nach, daß er ihr mit einem so höflichen Schweigen begegnete.

Ich hatte andere Sorgen als Farmata. Wir waren mitten im Schuljahr. Wie sollten wir vorgehen, um zu vermeiden, daß man meine Tochter von der Schule wies? Ich teilte Iba Sall meine Befürchtungen mit. Er hatte auch daran gedacht. Das Kind würde während der Ferien zur Welt kommen. Die Hauptsache sei, daß man nicht den Kopf verliere, daß man die Monate verstreichen und Aïssatou lose Kleider tragen lasse. Wenn dann die Schule wieder beginne, sei das Baby zwei Monate alt. Aïssatou könne an ihrer Abiturklasse wieder teilnehmen. Und nach dem Schulabschluß dann die Hochzeit.

Der Freund meiner Tochter machte sich Gedanken und ließ mich an die Klarheit des Geistes von Daba denken.

Er, Ibrahima Sall, riskiere auf keinen Fall, von der Universität gewiesen zu werden. Und selbst wenn er noch Gymnasiast wäre, was würde seiner Schule verraten, daß er demnächst Vater wird? An seinem Äußeren würde sich nichts ändern. Er bliebe «flach» ... während meine Tochter ihr hervorstehender Bauch anklagt.

Welches gnädige Gesetz wird den schuldig gewordenen Oberschülerinnen helfen, deren Zustand nicht durch die großen Ferien vertuscht wird? So perfekter Organisation hatte ich nichts hinzuzufügen. In diesem Augenblick fühlte ich, wie sich meine Tochter von meinem Wesen löste, als ob ich sie zum zweitenmal in die Welt setzte. Sie wurde nicht mehr von mir behütet. Sie gehörte von nun an zu ihrem Freund. Eine neue Familie entstand vor meinen Augen.

Ich akzeptierte meine untergeordnete Rolle. Es muß schon so sein, daß die reife Frucht vom Baum fällt.

Möge Gott diesem Kind den neu eingeschlagenen Lebensweg erleichtern!

Aber dennoch, welch ein Weg!

Simone de Beauvoir

Tochter aus gutem Hause

Meine Mutter war in Verdun im Schoße einer frommen und reichen Familie auf die Welt gekommen; ihr Vater, der Bankier war, hatte seine Schulzeit bei den Jesuiten verbracht, ihre Mutter im Kloster. Françoise hatte einen Bruder und eine Schwester, die beide jünger waren als sie. Mit Leib und Seele ihrem Gatten ergeben, bezeugte Großmama ihren Kindern eine Zuneigung, die immer etwas Distanziertes behielt; Großpapa aber war mehr für Lili, die Jüngere; Mama litt unter der Kälte der Eltern. Als Halbpensionärin im Kloster «Les Oiseaux» fand sie Trost in der Wärme und Achtung, mit der dort die Schwestern sie umgaben; sie verlegte sich ganz aufs Lernen und auf die Frömmigkeit; nachdem sie ihr erstes Examen bestanden hatte, vervollkommnete sie ihre Bildung unter Leitung der Oberin. Kindheit und Jungmädchenjahre hinterließen in ihrem Herzen eine Art von Groll, der sich nie ganz beschwichtigte. Mit zwanzig Jahren, in einen fischbeingesteiften Kragen gezwängt, kam sie sich einsam und unverstanden vor; trotz ihrer Schönheit fehlte es ihr an Sicherheit und an Frohsinn. Ohne Begeisterung ging sie nach Houlgate, wo ein unbekannter junger Mann ihr begegnen sollte. Sie gefielen einander. Von Papas Überschwang mitgerissen, gestärkt durch die Gefühle, die er ihr entgegenbrachte, blühte Mama nun förmlich auf. Meine ersten Erinnerungen an sie sind die an eine lachende, heitere junge Frau. Es lag in ihr jedoch auch etwas Unverbrüchliches und durchaus Bestimmtes, das nach der Heirat zum Durchbruch kam. Mein Vater besaß in ihren Augen ein unbedingtes Prestige, und sie war der Meinung, die Frau müsse dem Manne gehorchen. Doch unserer Louise, meiner Schwester und mir gegenüber trat sie sehr entschieden, zuweilen sogar heftig auf. In größerer Gesellschaft aber blieb sie zeitlebens schüchtern. Ohne Übergang in einen Kreis versetzt, der sich stark von ihrem Provinzmilieu unterschied, paßte sie sich nur mühsam an. Ihre Jugend und Unerfahrenheit, ihre Liebe zu meinem Vater machten sie verwundbar; sie fürchtete kritische Äußerungen, und um sie zu vermeiden, gab sie sich große Mühe, es «so zu machen wie alle Welt». Ihr neues Milieu lebte nur halb und halb nach der Moral von «Les Oiseaux». Sie wollte nicht als prüde gelten und verzichtete darauf, die anderen nach ihrem eigenen Sittenkodex zu richten; sie war entschlossen, sich dem anzugleichen, was nun einmal üblich war. Papas bester Freund lebte mit einer Frau, «als ob sie verheiratet wären», also in der Sünde; das hinderte ihn aber nicht, häufig zu uns zu kommen; seine Konkubine freilich wurde nicht eingeladen. Meine Mutter dachte niemals daran – weder im einen noch im anderen Sinne –, gegen eine Inkonsequenz Einspruch zu erheben, die von der Gesellschaft sanktioniert worden war. Sie fand sich mit noch vielen anderen Kompromissen ab, die ihre Grundsätze nicht berührten; vielleicht um derartige Zugeständnisse dadurch zu kompensieren, bewahrte sie im Inneren strenge Unnachsichtigkeit. Obwohl sie ohne jeden Zweifel eine glückliche junge Frau gewesen war, machte sie kaum einen Unterschied zwischen Laster und Sexualität: immer blieb für sie die Vorstellung alles Körperlichen eng mit dem Begriff der Sünde verknüpft. Da der Brauch sie zwang, den Männern gewisse Extratouren zugute zu halten, konzentrierte sie ihre Strenge ausschließlich auf die Frauen; zwischen «anständigen Frauen» und «Lebedamen» gab es für sie kaum ein Zwischending. Alles, was «das Körperliche» betraf, widerstrebte ihr so sehr, daß sie die entsprechenden Fragen vor mir nie berührte; sie machte mich nicht einmal im voraus auf die Überraschungen aufmerksam, die an der Schwelle der Pubertät meiner harrten.

Auf allen anderen Gebieten hatte sie sich die Ideen meines Vaters zu eigen gemacht, ohne daß es ihr offenbar Schwierigkeiten bereitete, sie mit der Religion in Einklang zu bringen. Mein Vater wunderte sich über die Paradoxe des menschlichen Herzens, der Erblichkeit, der Bizarrerien des Traumes; ich habe nie erlebt, daß meine Mutter über etwas staunte.

Ebensosehr vom Gefühl ihrer Verantwortung durchdrungen, wie Papa frei davon war, ließ sie sich ihre Aufgabe als Erzieherin überaus angelegen sein. Sie bat um Ratschläge bei der Kongregation der «Christlichen Mütter» und konferierte häufig mit den Damen des Cours Désir. Sie brachte mich persönlich zur Schule, nahm an meinem Unterricht teil und überwachte Hausaufgaben und mündliche Lektionen; sie lernte Englisch und sogar die Anfangsgründe des Lateinischen, um meiner Ausbildung folgen zu können. Sie nahm Einfluß auf meine Lektüre, führte mich zur Messe und zum Abendsegen; sie, meine Schwester und ich verrichteten gemeinsam das Morgen- und Abendgebet. In jedem Augenblick war sie noch im Innersten meines Herzens als Zeuge da, und ich machte kaum einen Unterschied zwischen ihrem und Gottes Auge über mir. Keine meiner Tanten – nicht einmal Tante Marguerite, die im Sacré-Cœur erzogen worden war – übte die Pflichten der Religion mit solchem Eifer aus; sie ging häufig zur Kommunion, betete mit Inbrunst und las viele fromme Andachtsbücher. Ihr Verhalten paßte sich ihren Glaubensüberzeugungen an; immer bereit, sich aufzuopfern, weihte sie ihr Leben vollkommen den Ihrigen. Ich sah sie nicht als eine Heilige an, weil sie mir zu vertraut war und zudem leicht in Zorn geriet; aber ihr Beispiel wurde dadurch für mich nur um so überzeugender: ich konnte – und mußte demgemäß – ihr an Frömmigkeit und Tugend nacheifern. Die Wärme ihrer Zuneigung machte ihre Unwillensausbrüche wieder wett. Wäre sie unfehlbarer und dadurch mir ferner gewesen, hätte sie niemals so stark auf mich eingewirkt.

Ihr Einfluß erklärte sich tatsächlich großenteils aus unserem innigen Zusammenleben. Mein Vater behandelte mich wie eine Erwachsene. Meine Mutter verwendete alle Sorge auf das Kind, das ich war. Sie bewies mir mehr Nachsicht als er: sie fand es natürlich, daß ich herumalberte, während ich ihn dadurch reizte. Sie amüsierte sich über Einfälle oder kleine Schreibereien, an denen er nichts Komisches fand. Ich legte Wert auf die Achtung der anderen, aber ich wollte vor allem so genommen werden, wie ich war, mit allen Mängeln meiner noch jungen Jahre; meine Mutter gab mir durch ihre Zärtlichkeit für mein Wesen volle Rechtfertigung. Das schmeichelhafte Lob jedoch war für mich das, das ich von meinem Vater erhielt; wenn er jedoch schalt, weil ich in seinem Arbeitszimmer Unordnung gemacht hatte, oder ausrief: «Diese dummen Kinder!» nahm ich solche Reden leicht, da er ihnen selbst offenbar wenig Gewicht beilegte; umgekehrt stellte jeder Vorwurf meiner Mutter, ein bloßes Brauenrunzeln schon, die Sicherheit meiner Welt in Frage; ohne ihre Billigung meinte ich keinerlei Daseinsberechtigung mehr zu haben.

Wenn ihr Tadel mich so tief traf, so vor allem deswegen, weil ich auf ihr Wohlwollen baute. Als ich sieben oder acht Jahre alt war, tat ich mir ihr gegenüber keinen Zwang an, ich äußerte mich in aller Freimütigkeit. Eine ganz bestimmte Erinnerung läßt mich in dieser Hinsicht ganz sicher sein. Ich litt nach den Masern an einer leichten Rückgratverkrümmung; ein Arzt zog mit dem Finger an meiner Wirbelsäule entlang eine Linie, als ob mein Rücken eine Schultafel sei, und verschrieb mir schwedische Gymnastik. Ich nahm ein paar Privatstunden bei einem großen, blonden Lehrer. Als ich eines Nachmittags auf ihn wartete, übte ich mich an der Stange; oben angekommen, verspürte ich eine sonderbare Reizung zwischen den Beinen; es war angenehm und enttäuschend zugleich; ich versuchte es noch einmal, die gleiche Erscheinung stellte sich ein. «Das ist doch merkwürdig», sagte ich zu Mama; ich beschrieb ihr, was ich empfunden hatte. Mit gleichgültiger Miene sprach sie von etwas anderem, und ich glaubte, eine jener überflüssigen Bemerkungen gemacht zu haben, die einfach keiner Antwort bedürfen.

In der Folge erst änderte ich meine Haltung. Als ich mich ein oder zwei Jahre später nach den «Banden des Blutes» fragte, von denen in Büchern so oft die Rede ist, und nach der «Frucht deines Leibes» aus dem *Gegrüßt seist du, Maria,* teilte ich meiner Mutter meine Vermutungen nicht mit. Es mag sein, daß sie inzwischen einigen meiner Fragen Widerstände entgegengesetzt hatte, an die ich mich nicht mehr erinnere. Aber mein Schweigen war die Folge einer Parole allgemeinerer Art; von nun an paßte ich auf mich auf. Meine Mutter strafte mich selten, und wenn sie auch gelegentlich eine lose Hand hatte, so taten ihre Ohrfeigen doch nicht besonders weh. Indessen begann ich, ohne sie deswegen weniger zu lieben, sie allmählich zu fürchten. Es gab da ein Wort, das sie gern gebrauchte und das auf meine Schwester und mich völlig lähmend wirkte: «Das ist ja lächerlich!» Wir hörten sie dieses Verdikt häufig aussprechen, wenn sie mit Papa zusammen das Verhalten eines Dritten kritisierte; richtete es sich gegen uns, so stürzte es uns aus dem Familienempyreum in den Abgrund hinab, in dem die übrige Menschheit ihr Dasein fristete. Unfähig vorauszusehen, welche Geste, welcher Ausspruch es entfesselte, sahen wir in jeder eigenmächtigen Äußerung in dieser Hinsicht eine Gefahr; es schien ein Gebot der Klugheit zu sein, sich einfach still zu verhalten. Ich erinnere mich noch an unser Staunen, als wir Mama um die Erlaubnis gebeten hatten, unsere Puppen mit in die Ferien zu nehmen, und sie ganz einfach antwortete: «Warum nicht?» Jahre hindurch hatten wir diesen Wunsch immer wieder in unseren Herzen begraben. Gewiß war der erste Grund meiner Schüchternheit, daß ich Nichtachtung fürchtete. Aber ich glaube, daß ich, wenn ihre Augen einen gewittrigen Glanz bekamen oder sie auch nur mißbilligend die Lippen verzog, ebensosehr wie meine eigene Niederlage die heftige Wallung fürchtete, die ich in ihrem Herzen hervorrief. Hätte sie mich bei einer Lüge ertappt, so hätte ich ihre Empörung stärker empfunden als meine eigene Schmach: die Vorstellung war mir so unerträglich, daß ich immer die Wahrheit sprach. Offenbar machte ich mir nicht klar, daß meine Mutter, indem sie so eilfertig jede Abweichung oder Neuerung verdammte, dem Aufruhr zuvorzukommen wünschte, den in ihr alles In-Frage-Stellen des Gewohnten hervorrief; wohl aber fühlte ich deutlich, daß ungewohnte Äußerungen, unvorhergesehene Pläne ihre heitere Seelenruhe trübten. Meine Verantwortung in dieser Hinsicht verdoppelte meine Abhängigkeit.

So lebten wir, sie und ich, in einer Art von Symbiose, und ohne daß ich sie zu kopieren trachtete, wurde ich doch von ihr geformt. Sie impfte mir Pflichtgefühl sowie Parolen der Selbstlosigkeit und der Sittenstrenge ein. Mein Vater hatte nichts dagegen, sich in den Vordergrund zu lavieren, von Mama aber lernte ich zurückzutreten, meine Worte zu wägen, meine Wünsche im Zaum zu halten, genau das zu sagen und zu tun, was gesagt und getan werden mußte. Ich verlangte für mich nichts und wagte mich nur wenig hervor.

Die Eintracht, die zwischen meinen Eltern bestand, bestärkte mich in der Hochachtung, die ich ihnen entgegenbrachte. Sie erlaubte mir, eine Schwierigkeit zu umgehen, die mich in beträchtliche Verlegenheit hätte bringen können; Papa ging nicht zur Messe, er lächelte, wenn Tante Marguerite die Wunder von Lourdes kommentierte; er war nicht gläubig. Diese Skepsis berührte mich nicht, so sehr fühlte ich mich selbst von der Gegenwart Gottes umhegt; dennoch irrte mein Vater sich nie: Wie sollte man sich erklären, daß er der evidentesten aller Wahrheiten völlig blind gegenüberstand? Wenn man den Dingen ins Auge sah, schien es freilich ein unlösbares Dilemma zu sein. Immerhin fand ich mich, da meine so fromme Mutter sie natürlich zu finden schien, mit Papas Haltung ab. Die Folge war, daß ich mich daran gewöhnte, das – durch meinen Vater vertretene – Leben des Geistes und mein – durch meine Mutter bestimmtes – seelisches Dasein als zwei völlig heterogene Sphären zu betrachten, zwischen denen es keinen möglichen Austausch gab. Heiligkeit gehörte einer anderen Ordnung an als Geist, und die menschlichen Dinge – Kultur, Politik, Geschäftsleben, Sitten und Bräuche – entstammten nicht der Religion. Auf diese Weise verbannte ich Gott aus der Welt, was meine Weiterentwicklung aufs tiefste beeinflussen sollte.

Meine Lage in der Familie erinnerte durchaus an die einstige meines Vaters: wie er seinerzeit zwischen dem unbekümmerten Skeptizismus meines Großvaters und dem bourgeoisen Ernst meiner Großmutter gestanden hatte, kontrastierte in meinem Fall der Individualismus meines Vaters und seine weltlich bestimmte Ethik mit der strengen, traditionalistischen Moral, die meine Mutter mich lehrte. Diese Unausgewogenheit, die mich zur Auflehnung treiben mußte, erklärt zum großen Teil, daß eine Intellektuelle aus mir geworden ist.

Eine Mutter altert nie . . .

Hans Christoph Kaergel

Eine Mutter altert nie

Eine Mutter altert nie. Sie bleibt im Leben wie im Tode die Mutter. Und solange unsere Gedanken noch um die Mutter gehen, solange ist sie auch bei uns. Dieses «nie altern» sehe ich in dem Augenblick vor mir, da sich die achtzigjährige Mutter aus dem Wagen müht. Der Husten quält sie. Die Brust will die frische Bergluft nicht einlassen. Sie ringt nach Atem, und ich sehe nur ihre Augen. Darin ist derselbe Glanz, der in meinen Kindertagen über meinem Kinderbette leuchtete. Darin spiegelt sich die gleiche Sorge um mich. Die Augen können nicht müde und alt werden. Wir halten uns und schweigen uns aus. Dieses Glück, immer noch Kind sein zu dürfen, immer noch gebende Mutter sein zu dürfen, läßt uns stumm die Augenblicke zur Ewigkeit werden. Ich könnte von «Gnade» sprechen, wenn ich damit nicht zugleich der geliebten Frau weh tun würde, der dann der Himmel unverdientermaßen die Gnade nicht mehr gönnte. Ich will lieber von der Verpflichtung sprechen. Wer Glück empfängt, ist doppelt verpflichtet, er gebe sein Glück den andern mit, denn nur dann besitzt er's. Auch dieses persönliche Glück, als Fünfzigjähriger noch die Mutter in die Arme schließen zu können, geht mich nicht allein an.

Es möge ein Leuchten von diesem Begegnen ausgehen und allen sagen, die ihre Mutter lieben oder liebten: Siehe, ich verkündige Euch die größte Freude: eine Mutter altert nie! Eine Mutter stirbt nie! Eine Mutter ist die sichtbare Botin des großen Gottes, in dem wir alle leben!

Christine Nöstlinger

Mütter wollen gebraucht werden

Mütter und kinderlose Frauen können natürlich innig miteinander befreundet sein, sich prächtig verstehen und bei allen möglichen Problemen gleicher Meinung sein, aber wenn es um «die Kinder» geht, dann treten doch oft enorme Unstimmigkeiten zwischen ihnen auf.

Sagt da – zum Beispiel – die Kinderlose: «Ja siehst du denn nicht, daß sie dich nur ausnutzen?»

Die Mutter schüttelt den Kopf, ganz energisch, ganz empört. Ihre Kinder? Ausnutzen? Einfach lächerlich!

«Na hör einmal», sagte die Kinderlose. «Ich sehe ja ein, daß man für kleine Kinder immer parat sein muß! Aber die deinen sind ja erwachsen! In ihrem Alter waren wir schon total selbständig!»

«Meine Kinder sind total selbständig», sagt die Mutter.

Die Kinderlose lacht hämisch und fährt fort: «Also, wann bitte, kommen sie zu dir? Sie kommen, wenn sie Lust auf ein schönes Essen haben, sie kommen, wenn ihnen das Geld ausgegangen ist, sie kommen, wenn sie Trost und Zuspruch brauchen.

Wenn sie keine Lust haben, den Pullover fertigzustricken, dann bringen sie ihn dir!

Wenn sie eine Party machen, dann holen sie dich zum Gulaschkochen!

Sie kommen immer nur, wenn sie etwas brauchen!

Wenn es ihnen gut geht, wenn sie nichts brauchen, dann sehe ich sie nie bei dir!»

Die Mutter schaut verwirrt und ratlos. Um Himmels willen, denkt sie, was stellt sich die Gute eigentlich vor?

Der Gedanke, ihre Kinder könnten zu jemand anderem gehen, wenn sie ein «schönes Essen» haben wollen, stört die Mutter.

Die Vorstellung, ihre Kinder könnten sich von jemand anderem trösten und Geld geben lassen, ist ihr eine schreckliche.

Und daß irgendwer – außer ihr selbst – für die Tochter Gulasch kocht und aus einem halben mißglückten Pullover einen ganzen gelungenen macht, kommt der Mutter einfach absurd vor.

Eine echte Horrorvision ist es, wenn sich die Mutter vorstellt, ihre Kinder kämen einfach bloß zu Besuch, säßen friedlich bei ihr herum und brauchten rein gar nichts von ihr.

Aber einer kinderlosen Freundin kann man das nicht erklären.

Mehr als «du bist ja verrückt» wäre da an Verständnis nicht zu erwarten.

Ilse Gräfin von Bredow

Stell auf den Tisch die duftenden Reseden ...

Mutti leidet durch die Gegend. Sie fühlt sich von uns als Familienkuli mißbraucht. Womit hat sie ein Kind wie mich verdient, das seine Sachen rumschmeißt, nie eine Rolle Klopapier hinhängt und nicht mal Bescheid sagt, wenn die alte aufgebraucht ist; das jedes komplizierte Videogerät sofort bedienen kann, aber nicht in der Lage ist, den Einschaltknopf der Waschmaschine zu drücken?

«Andrea ist auch nicht besser», sage ich wütend. Aber das überhört Mutti und fährt fort in ihrem Klagegesang: «Womit habe ich einen Mann verdient, der nie mal was mit mir unternimmt, vor dem Fernseher einschläft, einem den schönsten Film durch lautes Schnarchen verdirbt und sich nur dafür interessiert, ob noch genug Bier da ist, wenn er vom Finanzamt kommt? Letztendlich», verkündet sie düster, «ist doch meine gesellschaftliche Funktion gleich Null.»

«Wie wahr! Wie wahr!» Papi öffnet den Eisschrank. «Reicht das noch übers Wochenende?»

«Was denn?» unterbricht sich Mutti irritiert.

«Na, das Bier natürlich.»

Andrea ergreift die Partei ihrer Mutter. «Du bist wirklich ätzend, Papi. Läßt Mutti echt versauern, anstatt mal mit ihr wegzufahren. Im Theater seid ihr auch schon eine Ewigkeit nicht mehr gewesen.»

Dafür wird *sie* jetzt etwas mit Mutti unternehmen. Sie wollen ins Kino. Und ich darf mal wieder die Küche aufräumen. Fragt sich wirklich, wer eigentlich der Familienkuli ist.

«Gib doch bloß nicht an!» sagt Andrea. «Mutti hat ihre Orientierung verloren. Da braucht sie mich eben.»

Mutti hat zu Omi gesagt, Andrea wäre für sie jetzt wie eine jüngere Schwester. Und daß sie keine Geheimnisse mehr voreinander haben und sich alles erzählen. Mutti kommt dann immer wieder auf ihre Kinderzeit zurück, als sie noch mit Omi nach der Flucht in dem bayerischen Kaff gewohnt hat, wo es diesen merkwürdigen Lehrer in der Dorfschule gab. Wie hieß er doch gleich? Preuss? Richtig. Ausgerechnet Preuss! Ein Urbayer! Wenn das nicht ulkig war! Der hätte ihnen haargenau die Funktion einer Panzerfaust erklärt. «Volle Deckung!» hätte er geschrien, den Zeigestock auf sie angelegt, und die ganze Klasse wäre unter die Bänke gekrochen. Als Hausaufgabe mußten sie ein Pfund Reis auszählen. Und vor Allerseelen Sätze mit Präpositionen bilden: Mutter am Grabe, Mutter im Grab, Mutter neben dem Grab, Mutter auf dem Grab.

Andrea gähnt und besieht sich ihre Fingernägel. «Ist ja irre, Mutti.»

Deshalb ist Mutti als große Schwester diesmal auch ganz auf Andreas Seite, als die Papi furchtbar mit einem Jungen namens Löwy erschreckt, der sich unaufgefordert mit an den Abendbrottisch pflanzt.

«Schweig stille, mein Herz», murmelt Papi und verzieht sich in sein Arbeitszimmer.

Löwy sieht wirklich ziemlich merkwürdig aus mit dieser Tolle zwischen den borstig geschnittenen Haaren. Doch Andrea himmelt ihn an. Sie hat ihn gerade ihrer besten Freundin ausgespannt und ist ganz weg von ihm. Mutti erlaubt sogar, daß sie in eine Disco gehen, was sie sonst gar nicht gern sieht. Sie seufzt nur über den Tisch hin: «Amüsiert euch, Kinder.»

Während Andrea in ihr Zimmer geht, um sich zurechtzumachen, versucht Mutti so etwas wie eine Unterhaltung mit Löwy in Gang zu bringen und ihn ein wenig auszuhorchen. Ob er in dieselbe Schule wie Andrea geht. Was denn sein Vater für einen Beruf hat. Und wo sie wohnen. Löwy sieht Mutti so mißbilligend an, als wenn sie ihn etwas Unanständiges gefragt hätte. Er zupft nervös im Gesicht herum und sagt mit einer tiefen, dröhnenden Stimme zu Ferdinand: «Na, Sportsfreund!»

Mutti ist ganz erleichtert, als Andrea wieder zum Vorschein kommt. Sie hat sich mächtig aufgestylt. Ihre Wangen glühen vor Rouge, und die Wimpern machen direkt ein klapperndes Geräusch. Doch auch das nimmt Mutti unverständlicherweise hin, drückt ihr sogar etwas Geld in die Hand.

«Nobel, nobel, deine Verwandte», sagt Löwy, erleichtert, daß er nicht den großen Zampano spielen muß. «Echt Klasse!»

Kaum ist Andrea um zehn zurück, hockt Mutti schon wieder in ihrem Zimmer. Während sich Andrea ihre Lieblingsmusik, einen Rock and Roll, reinzieht, versucht Mutti sie auszuquetschen, wie ich durch die offene Tür hören kann. Aber außer «super», «toll» und «Spitze» ist aus Andrea nichts rauszukriegen. Und so geht denn Mutti dazu über, von irgendeinem Franz, ihrer ersten großen Liebe, zu sprechen.

Dieser Franz war Reitlehrer in der Kleinstadt, wo Mutti auf die Oberschule gegangen ist. Aber Omi war ja viel strenger als sie. Nicht mal alleine ins Kino durfte sie mit ihm. Jedesmal mußte die Tochter des Apothekers mit, als Anstandswauwau sozusagen. Sie war ein Jahr jünger als Mutti und eine richtige Transuse. Ganz außer sich wäre sie darüber gewesen. Aber Franz Horstmann hätte sehr viel Verständnis gezeigt und in seiner großen Güte diese Adelheid sogar in Schutz genommen. Was konnte die schließlich dafür, daß Omi eine so ängstliche Mutter war?

Als wir uns am nächsten Abend die Nachrichten im Fernsehen ansehen, klingelt das Telefon. «Typisch», brummt Papi. «Immer während der Tagesschau!»

Andrea springt auf. «Das ist bestimmt für mich.»

Aber es ist für Mutti.

«Da ist jemand, der dich sprechen will», sagt Andrea.

«Wer denn?»

Sie zuckt die Achseln.

«Daß ihr euch nie den Namen nennen laßt!» Mutti steht auf. Ganz aufgeregt kommt sie wieder zurück.

«Karl Albrecht, du wirst es nicht für möglich halten, wer angerufen hat!»

«Der Bundeskanzler wird's ja nicht gleich gewesen sein.» Papi stellt den Fernseher lauter, um die Nachrichtensprecherin besser zu verstehen.

«Franz Horstmann!»

«Ist das dein Zahnarzt?» fragt Papi.

«Sei nicht albern, Karl Albrecht», sagt Mutti unwillig. «Gestern habe ich noch mit Andrea über ihn gesprochen. Wenn das keine Gedankenübertragung ist!»

«Das ist eben das Übersinnliche an dir», sagt Papi, «was ich so liebe.»

«Ich habe dir doch bestimmt schon von Franz Horstmann erzählt.»

«Mehr als einmal.»

«Eben hieltst du ihn noch für den Zahnarzt», sagt Mutti. «Allerdings hab ich nicht so oft von ihm geredet wie du von deiner bezaubernden Annabell, die du in der Bibliothek ihres Vaters verführen wolltest.»

«Ja. Ein reizendes Mädchen! Sanft wie eine Taube!» Papi kuckt verträumt die Nachrichtensprecherin an, die uns gerade mitteilt, wieviel Opfer es bei einem Flugzeugunglück gegeben hat.

«Ich spreche über ihn, und schon ruft er an.» Mutti ist immer noch ganz überwältigt.

«Annabell», murmelt Papi, «was aus der wohl geworden ist?»

«Er will uns morgen nachmittag besuchen kommen», sagt Mutti.

«Stell auf den Tisch die duftenden Reseden, die letzten roten Astern trag herbei. Und laß uns wieder von der Liebe reden, wie einst im Mai!» zitiert Papi.

Mutti wird richtig rot. «Immer mußt du gleich ironisch werden!»

Papi stellt den Wetterbericht ab. «Ich für meine Person werde wohl morgen etwas später nach Hause kommen.»

Mutti bringt das Wohnzimmer auf Hochglanz und läßt das Wasser aus der Badewanne.

«Da wird Papi aber meckern», warne ich.

Mutti sieht mich an wie ein lästiges Insekt. «Ich werde ihn gerade um Erlaubnis fragen.»

Fast eine Stunde blockiert sie das Badezimmer. Duftend kommt sie wieder heraus.

«Du hast dich ja mächtig angefetzt», sage ich.

Der Herzallerliebste ist pünktlich. Ich mach ihm die Tür auf. Vor mir steht ein Harald-Juhnke Typ, ziemlich groß und schlank mit einer karierten Mütze auf dem Kopf, und lächelt mich gleich ganz schmusig an. Mutti kommt in den Flur geweht. Er faßt ihre beiden Hände. «Laß dich anschauen, Mädchen! Du hast dich ja überhaupt nicht verändert.»

«Du auch nicht», sagt Mutti. Nachdem sie sich das mindestens ein dutzendmal versichert haben, gehen sie endlich ins Wohnzimmer.

Während ich den Kellner spielen muß und Kaffee und Kuchen heranschleppe, erzählt Horstimann bereits aus seinem Leben. Er hat ja lange in Amerika gelebt. «Ein faszinierendes Land voller Gegensätze!» Jetzt ist er bei einer großen Versicherung tätig.

«Wie Onkel Kurt», sage ich.

«Ja, ja», sagt Mutti. «Es fehlt noch Sahne, Charlotte. – Und deine Familie?» fragt sie.

«Ich bin unverheiratet geblieben.» Er sieht Mutti wieder so schmusig an. «Du weißt ja, ich bin sehr wählerisch. Träume gehen eben selten in Erfüllung.»

Mutti wird ganz zappelig. Aber ehe sie nachhaken kann, trampelt Ferdinand ins Zimmer, total bekleckert, mit einem Schnuller im Mund, den er sonst nur noch nachts benutzt. Er pflanzt sich vor Horstimann auf und murmelt, durch den Schnuller behindert: «Wer bist denn du?»

Das Gespräch versandet, denn es braucht viel Zeit und Mühe, um diesen lästigen Jungen aus dem Zimmer zu scheuchen. Mutti atmet auf, als er endlich raus ist, und gibt mir zu verstehen, daß auch ich abhauen soll. Aber Mutti hat heute keine Chance, denn jetzt latscht ihre «kleine Schwester» herein. Horstimann springt auf, um sie zu begrüßen. Sie grabscht nach einem Stück Kuchen und läßt sich in einen Sessel fallen.

Mutti verliert langsam die Geduld. «Ich finde, ihr könnt uns jetzt mal allein lassen», zischt sie uns an. «Ihr habt doch auch sicher noch Schularbeiten zu machen.»

Horstimann ist da ganz anderer Ansicht. «Deine reizenden Kinder stören mich überhaupt nicht.» Er legt seine Hand auf Andreas Schulter. «Merkwürdig, du erinnerst mich so sehr an jemand.»

«Na, ja, ein bißchen ähnlich sieht sie mir schon», sagt Mutti.

«Das finde ich eigentlich nicht.» Horstimann grübelt vor sich hin. «Ja, richtig, jetzt fällt's mir wieder ein. Du hattest doch damals diese Apothekerstochter zur Freundin. Adelheid hieß sie, glaube ich. Ein süßes Mädchen. Auf dem Pferd machtest du die bessere Figur, das muß man dir lassen. Du wurdest mit den schwierigsten Pferden fertig.»

«Adelheid fiel dauernd runter», sagt Mutti. «Und drückte sich vor dem Stalldienst.»

«Dafür warst du um so fleißiger. Jeden Sonntag erschienst du pünktlich zum Pferdeputzen im Stall.»

Horstimann rührt versonnen in seiner Kaffeetasse. «Gott, was war die Kleine schüchtern.»

«Schüchtern?» wiederholt Mutti mit hoher Stimme. «Maulfaul war sie.»

«Und was ist aus ihr geworden?»

Mutti bleibt keine Zeit, über die reizende Adelheid Auskunft zu geben. Papi ist vom Dienst nach Hause gekommen. Früher, als er angekündigt hat.

«Ich hab dich noch gar nicht erwartet», sagt Mutti.

«Ich konnte mich heute mal früher loseisen. Hat man Ihnen denn wenigstens was Vernünftiges zum Trinken angeboten? Außer dem labberigen Kaffee?» sagt Papi nach der Begrüßung zu Herrn Horstmann. Er tut, als wären wir ohne ihn nicht imstande, einen Gast zu bewirten. «Also, ich hol uns mal was aus dem Keller.»

Nachdem die Männer sich zugeprostet haben, fragen sie sich gegenseitig ihre Berufe ab und geben ihre politischen Ansichten zum besten. Mutti sitzt stumm daneben. Zwischendurch flachst Horstimann ein wenig mit Andrea. Dann fragt er, ob er sich nicht mal das ganze Haus ansehen kann. «Wirklich apart, Herr von Trebnitz! So was Originelles läßt sich heute vergleichsweise kaum noch finden.»

«Ja, gern.» Papi strahlt. «Dann machen wir mal eine kleine Schloßbesichtigung.»

Horstmann findet alles wundervoll. Nur daß in dem Haus so viel Holz verarbeitet worden ist, scheint ihm etwas bedenklich. «Sind Sie denn auch hoch genug versichert?»

«Ich denke schon», sagt Papi, ein wenig unsicher geworden. «Aber ich kann ja mal die Police holen.»

Als Horstimann sie durchgelesen hat, wiegt er bedenklich den Kopf. «Die Versicherungssumme deckt bei weitem nicht den möglichen Schaden.»

«Und was raten Sie mir?» fragt Papi.

«Wir haben da einen sehr günstigen Tarif. Der ist eigentlich nur für die Angestellten. Ich muß mal sehen, wie ich das hindrehe. Aus alter Freundschaft zu Ihrer Frau sozusagen.»

Dann verabschiedet sich unser Gast.

«Ein reizender Mensch», sagt Papi. «Und so hilfsbereit. Meine Frau hat eben einen guten Geschmack!»

«Wirklich!» Mutti wirft ihm einen kalten Blick zu. «Na, dann will ich mal Abendbrot machen.»

Am nächsten Tag ruft Horstimann wieder an. Papi nimmt das Gespräch ab, weil Mutti bei Frau Fröhlich ist.

«Dein Verehrer hat angerufen», sagt er, als sie wieder zurück ist. «Er läßt dich sehr grüßen und bedankt sich noch einmal für den netten Nachmittag. Er hat zwei Karten für ein Konzert besorgt.»

«Wie aufmerksam von ihm.» Mutti ist ganz glücklich. «Du gehst ja nie mit mir irgendwohin.»

«Es ist ein Rock-Konzert oder so ähnlich.»

Mutti wirkt ein bißchen enttäuscht. «Aus dem Alter bin ich eigentlich raus.»

«Bist du», sagt Papi. «Deshalb hat er auch Andrea eingeladen.»

Andrea verschluckt sich fast an ihrem Kaugummi und sieht ihre Mutter an. «Rock ist Asche!»

Sie flüstern zusammen und lachen. Und dann schicken sie mich mit Horstimann ins Konzert. Papi ist das gar nicht recht.

«Den günstigen Rabatt für die Versicherung können wir jetzt bestimmt vergessen.»

Jo Hanns Rösler

Mutters gutes Geschirr

Meine Mutter war eine Frau, die wenig sprach. Sie sagte auch Vater nie ihre Meinung, ob ihr einer seiner Geschäftsfreunde gefiel oder wie sie über einen dachte, den er zum Mittagessen mitbrachte. Sie war zu jedem gleich freundlich, es gab auch für alle das gleiche herzhafte Essen, ob nun Gäste am Tisch saßen oder wir allein waren. Es gab eine kräftige Suppe, einen Braten mit viel Gemüse und hinterher meist Kirschenkompott oder Apfelmus aus dem eigenen Garten.

Nur in einem drückte Mutter ihr Willkommen aus: Mochte sie den Besuch gern, fanden Vaters Freunde ihre Wertschätzung, so war zum Mittagessen der Tisch besonders feierlich gedeckt, das gute Geschirr stand liebevoll geordnet auf schönem Damast, die wertvollen Bestecke wurden aus dem Silberkasten genommen, die kostbaren Gläser aus dem Schrank geholt und jedes einzelne noch einmal poliert, und in der Mitte der Tafel stand eine schöne Schale mit Blumen, auf die Mutter besondere Sorgfalt verwendete.

Mißfiel ihr aber einer aus dem Verwandtenkreis, oder hatte Mutter sich am Sonntag zuvor über Frau Flamm geärgert, bei der sie eingeladen war, nur weil Frau Flamm vergessen hatte, eine bewundernde Bemerkung über das neue Kleid zu machen, das Mutter zum ersten Mal trug, so stand am nächsten Sonntag bei uns, wenn mit der Einladung wir an der Reihe waren, für Flamms das alte Geschirr auf dem Tisch, die alten Gläser und das billige Besteck. Von einer Blume war weit und breit nichts zu sehen. Vater wußte dann immer sofort, was es geschlagen hatte, auch ohne daß Worte gewechselt wurden. Mutter war zu unserem Besuch ebenso freundlich wie immer, nur was sie über ihn dachte, gab sie durch die Art kund, wie sie den Tisch deckte.

Als Vater eines Tages starb und ich Student war, behielt Mutter ihre Angewohnheiten bei. Wie sie über meine Freunde dachte, die ich ihr unterschiedlich ins Haus brachte, merkte ich daran, wie sie den Tisch für sie deckte. Sie sagte nie zu mir: «Junge, dein neuer Freund gefällt mir nicht», sie deckte nur den Tisch für ihn ungemütlich. Und immer hatte Mutter, wie sich hinterher herausstellte, mit ihrem Urteil recht.

Eines Tages brachte ich ihr Waltraud ins Haus. Ich war sehr verliebt in sie. «Mutter, du mußt dir das Mädchen ansehen», sagte ich, «sie kommt am Sonntag vormittag zu uns. Wenn du mir eine große Liebe antun willst, so lade sie zum Mittagessen ein.»

«Erst mal sehen, was du daherbringst», sagte Mutter.

Ich hatte keine Sorge. Waltraud war in meinen Augen so vollkommen, daß sie Mutter gefallen mußte. Sie kamen auch schnell ins Gespräch miteinander, Waltraud war völlig unbefangen, sie erzählte Mutter viel von sich und wie wir es uns einmal einrichten wollten im Leben, welche Reisen wir machen wollten und welchen Wagen wir uns kaufen würden und wie ihre Wohnung einmal aussehen müßte. Mutters Gesicht blieb gütig und freundlich, zum Schluß streichelte sie die Hand des jungen Mädchens und sagte: «Sie bleiben doch bei uns zum Mittagessen?»

Ich freute mich, wie schnell Waltraud das Herz meiner Mutter gewonnen zu haben schien, genauso schnell wie meines, mein Herz jubelte, als Mutter uns aus dem Garten ins Haus rief: «Kommt! Das Essen steht auf dem Tisch!» Wir liefen Hand in Hand ins Haus, und der Tisch war gedeckt. Aber nicht mit dem guten Geschirr und den kostbaren Gläsern, und nicht eine Blume stand darauf. Mir schmeckte an diesem Sonntag kein Bissen, und ich habe mit Mutter, als wir wieder allein waren, nicht über Waltraud gesprochen. Sie hätte mir bestimmt auch keine Antwort gegeben, wenn ich sie gefragt hätte, wie ihr das attraktive Mädchen gefiele.

Ich habe in den weiteren Jahren noch manches junge Mädchen

meiner Mutter ins Haus gebracht, aber nie hat Mutter den Tisch festlich gedeckt. Vielleicht hatte sie die alte Sitte schon längst vergessen, denn ich sah nie mehr das gute Geschirr auf unserem Tisch, auch nicht die schönen Gläser, die das Licht widerspiegelten. Vielleicht hatte Mutter schon resigniert und fand, daß sie zu alt war, ihre Meinung noch kundzutun. Reden wollte ich mit ihr nicht darüber, denn Mutter war mit den Jahren immer schweigsamer geworden und duldete nicht, daß man mit ihr über solche Dinge sprach. Bis ich eines Tages, mehr durch Zufall, eine Studentin zum Essen mitbrachte, die schon ein paarmal bei uns gewesen war, denn wir saßen in demselben Hörsaal und arbeiteten zusammen, ich bei ihr und sie bei mir, wie es sich gerade traf. Sie war keinesfalls auffallend hübsch und auch an diesem Tag nicht besonders angezogen, wir kamen zusammen, so, wie wir in der Uni gesessen hatten. «Komm, iß doch bei uns», hatte ich zu ihr gesagt, «wir können dann gleich nach dem Essen weiterarbeiten.» Katharina war einverstanden, und Mutter, die ich darum bat, sagte, es wäre alles schon fertig gekocht, wir sollten es uns aus der Küche hereinholen, wenn wir Hunger hätten; sie selbst müßte dringend in die Stadt, zum Friseur, sagte sie. Wir gingen in meine Bude hinauf, Katharina und ich, und arbeiteten eine Stunde zusammen. Als wir fanden, daß es an der Zeit war zu essen, gingen wir hinunter. In der Küche lag ein Zettel. «Ich habe euch im Wohnzimmer gedeckt, Mutter», stand darauf.

Ahnungslos betraten wir das Wohnzimmer, und da – es war wie ein Traum – stand der Tisch, so schön und festlich gedeckt wie seit Jahren nicht, für zwei Personen, die kostbaren Teller und Tassen, die geschliffenen Gläser, die schweren silbernen Bestecke, und in der Mitte des Tisches hatte Mutter eine schöne Schale mit Blumen aus unserem Garten gestellt, Vergißmeinnicht, Margeriten, Löwenmaul, Balsaminen, Nelken und Reseden. Und neben dem Teller von Katharina lag sogar eine Rose. Wir setzten uns, ein wenig befangen, und da sah ich zum ersten Mal Katharina richtig an und fand, daß sie schön war. Heute ist Katharina meine Frau, und das mit dem guten Geschirr und dem alten, wenn wir Besuch bekommen, das hat sie von meiner Mutter beibehalten.

Hans Scheibner

Heiligabend zur «Windigen Ecke»

Ende November klingelte Käpt'n Lühmann bei Oma Pieper. Wie immer hatte er seinen Elbsegler auf, der ihm bei den Nachbarn den Kapitänstitel eingetragen hatte, und wie immer rauchte seine Seemannspfeife. Es ginge um Weihnachten, Heiligabend, sagte Käpt'n Lühmann. Onkel Karl, der Wirt von der «Windigen Ecke», wo Frau Pieper im Sommer immer ihr Alsterwasser trinke, der habe sich was ausgedacht: Alle einsamen Menschen aus der Umgebung, die Heiligabend kein Zuhause haben oder nicht wissen, wohin, sind eingeladen zur Weihnachtsfeier. Onkel Karl gibt Kaffee und Stollen aus und hinterher drei Grog oder eine Flasche Wein für jeden. Und er, Käpt'n Lühmann, habe den Auftrag, die Sache zu organisieren. Und da hätte er nun mal eine Frage: Ob Frau Pieper vielleicht für die Musik sorgen könnte. Er habe ja oft genug mitgekriegt, wie gut sie Klavier spielt. Erst neulich wieder auf ihrem Geburtstag. Die Decken und Wände sind ja so dünn, daß man einfach alles hört. Bestimmt würden sich die alten Leute freuen. So'n Klavier, das ist doch viel gemütlicher als 'n Plattenspieler oder diese furchtbare Musik-Box.

Die alte Frau Pieper wußte zuerst gar nicht recht, was sie davon halten sollte. Das mit der Weihnachtsfeier für einsame Menschen, das fand sie richtig nett von Onkel Karl, dem Wirt. Hätte sie ihm gar nicht zugetraut, dem alten Brummbär. Aber daß sie da mitmachen sollte? Noch nie war sie Heiligabend ohne ihre Familie gewesen. Da mußte man doch zu den Kindern und Enkelkindern. Allerdings, wenn sie daran dachte, wie es das letzte Mal bei Inge gewesen war. «Weihnachten ist eine einzige Heuchelei!»

hatte Marcus gesagt. Und vom Weihnachtsmann durfte man auch nicht mehr reden. «Joanna weiß, daß es keinen Weihnachtsmann gibt. Wir belügen unsere Tochter nicht!» So 'n Quatsch! Dabei hatte die Kleine so gespannt zugehört und konnte gar nicht genug kriegen von Omas Weihnachtsgeschichten. Damals hatte Frau Pieper sich geschworen: Nächsten Heiligen Abend bleib' ich zu Hause! Einen Augenblick hätte sie deshalb am liebsten ja gesagt. Was Käpt'n Lühmann da erzählte, gefiel ihr. Und Klavier spielen konnte sie ja wirklich noch ganz gut – auch wenn ihr Sohn Bruno immer so 'n komisches Gesicht machte, wenn sie dem kleinen Oliver ein Lied vorspielte. Trotzdem sagte Frau Pieper: «Das geht nicht, Herr Lühmann. Es ist nett von Ihnen, daß Sie an mich gedacht haben. Aber meine Kinder warten Heiligabend auf mich. Die wären furchtbar traurig, wenn ihre Oma nicht kommt.»

Käpt'n Lühmann sah sie etwas finster an, kippte den Oldesloer Klaren runter, den Frau Pieper ihm eingeschenkt hatte, setzte seinen Elbsegler wieder auf und sagte: «Von Familie versteh ich nix. Also dann eben nicht. Aber wenn Sie sich das noch überlegen sollten: Ich wohn eine Treppe tiefer.»

Der alten Frau Pieper aber wollte und wollte die Sache nicht aus dem Kopf. Heiligabend mal ganz anders. Da würden Bruno und Inge wohl staunen. Aber wie sollte man ihnen das erklären, ohne daß sie böse würden?

In der ersten Dezember-Woche paßte Frau Piepers Tochter Inge, die mit dem Grafiker und Kunstmaler Marcus Gröning verheiratet ist, eine günstige Gelegenheit ab, um ihrem Mann die berühmte Weihnachtsfrage zu stellen. Er war gerade dabei, eine seiner aussagestarken Collagen mit dem Titel «Terror am Mohnblumenhimmel» einzurahmen, um sie mit einigen anderen seiner Werke noch rechtzeitig auf dem Weihnachtkunstmarkt ausstellen zu können.

«Wir müssen allmählich an Weihnachten denken», sagte Inge, «und ob wir Mutter Heiligabend zu uns nehmen.»

Sichtlich ungern ließ sich Marcus aus seiner schöpferischen Arbeit reißen. «Geht das schon wieder los mit Weihnachten? Entsetzlich! Aber bitte: es ist *deine* Mutter. Was bleibt uns denn anderes übrig.»

«Irgendwo muß sie ja schließlich hin», sagte Inge. «Für alte Menschen ist Heiligabend eben wirklich noch ein besonderer Abend. Und wehe! wir vergessen das. Dann sind wir für alle Zeiten untendurch.»

«Also gut», sagte Marcus und seufzte tief auf. «Bring deiner Mutter aber bitte bei, Joanna nicht wieder ihre reaktionären Weihnachtsmärchen zu erzählen. Ich weiß, es ist nicht leicht für alte Leute, das einzusehen. Aber wir geben uns schließlich alle Mühe, Joanna von solchen Zwängen und falschen Autoritäten zu befreien. Und daran kann auch deine Mutter sich halten!»

In diesem Punkt war Inge sowieso einer Meinung mit ihrem Mann. Aber ihr kam da noch eine ganz andere rettende Idee: War nicht eigentlich ihr Bruder Bruno dran, Oma Heiligabend zu sich zu nehmen? Man könnte ihn ja anrufen . . .

Aber davon wollte Marcus überhaupt nichts wissen. «Seit wir diese Auseinandersetzung auf Omas Geburtstag hatten, hat er sich ja auch nicht mehr gemeldet! Wir sind ja sowieso nur Anarchisten und linke Spinner für ihn! Sollen wir vielleicht noch hinter ihm hertelefonieren? Der hat es grade nötig, der Spießer!»

Eine ganz ähnliche Weihnachtsdebatte spielte sich um diese Zeit in Bruno Piepers Fertighaus ab.

«Was machen wir denn nun mit Oma am Heiligen Abend?» fragte Bärbel. Bruno, schlecht gelaunt, wie immer, wenn er spätabends aus seinem Baubüro kam, brummte bloß: «Was soll'n wir schon machen? Einladen müssen wir sie. Glaubst doch wohl selbst nicht, daß wir einmal im Leben Heiligabend für uns sind!» Bärbel gab Bruno natürlich recht. Aber schließlich war es ja *seine* Mutter. Daß es für sie, Bärbel, nicht immer ganz einfach sei, mit ihr auszukommen, das wisse er ja wohl.

«Ausgerechnet deine Mutter muß mir erzählen, daß es schon viel praktischere Geschirrspülmaschinen gibt. Dabei wäscht sie seit dreißig Jahren mit derselben Tassenbürste ab!»

«Also gut», entschied Bruno, «lad sie ein. Aber am liebsten

wäre es mir, wenn wir sie Heiligabend auch wieder nach Hause bringen könnten. Du weißt, daß am ersten Weihnachtstag Fischers kommen. Und ich kann keine geschäftlichen Dinge besprechen, wenn sie dabeisitzt und immer dazwischenfragt.»

«Dann darfst du aber auch nichts trinken, Heiligabend», sagte Bärbel. «Oder sie muß eben mit der Taxe nach Haus fahren!»

Aber dann hatte Bruno eine noch bessere Idee: «Könnte doch sein, daß sie viel lieber wieder zu Inge und Marcus geht. Sollte man Inge nicht mal anrufen?»

Aber damit war Bärbel überhaupt nicht einverstanden. «Seit unserem Streit auf Omas Geburtstag haben die hier kein einziges Mal angerufen! Und ‹neureiche Spießbürger› brauchen wir uns nicht noch einmal schimpfen zu lassen! Nur weil sie neidisch sind auf unser Haus! Die haben's grad nötig mit ihrem Kunstfimmel. Wo sie alle Leute anschnorren und sich Gott weiß wie vorkommen!»

Somit blieb die Besetzung des Heiligen Abends in der Familie Pieper vorerst ungeklärt.

Oma Pieper war morgens Käpt'n Lühmann im Treppenhaus begegnet. Ob sie sich's schon überlegt hätte? Fast ein wenig traurig schüttelte Frau Pieper den Kopf. Sie wollte Käpt'n Lühmann nicht erzählen, daß sie ziemlich ärgerlich war auf Inge und Bruno. Bis jetzt (14 Tage vor Weihnachten!) hatten sie nichts von sich hören lassen. Beinahe war sie soweit, selbst bei ihren Kindern anzurufen und zu sagen: «Tut mir leid, Heiligabend bin ich besetzt.» Aber man mußte ja auch bedenken, daß die jungen Leute so furchtbar viel zu tun haben, und grade vor Weihnachten. Auch, daß Frau Pieper heimlich schon wieder auf ihrem Klavier geübt hatte, brauchte sie Herrn Lühmann ja nicht gerade auf die Nase zu binden. Wahrscheinlich hatte er's ja sowieso schon durch die Wände mitbekommen. Jedenfalls grinste er so unverschämt, als er fragte:

«Haben Sie nicht wenigstens 'n paar Weihnachtsteller für unsere Feier übrig? Können auch 'n paar Nüsse und Spekulatius drauf sein . . .» Die Sache jedenfalls liefe ganz prima. Herr Kremer, der Imbiß-Kremer von der Mozartstraße, hätte versprochen, zwei Dosen Hamburger Knacker zu spendieren. Und jetzt hätten sie auch schon ein Schild gemalt und in der «Windigen Ecke» aufgehängt:

Heiligabend allein?
Onkel Karl lädt Euch ein!
Zur gemütlichen Weihnachtsfeier
mit Grog und Wein.
Eintritt frei. Verzehrbons beim Wirt.

Frau Pieper versprach Käpt'n Lühmann, zwanzig gefüllte Weihnachtsteller zu liefern. Endlich wußte sie, wofür sie die Pappdinger jedes Jahr aufbewahrt hatte. Inge hatte sie zwar immer damit aufgezogen – aber, siehst du wohl, jetzt wurden sie gebraucht!

Nachmittags rief endlich Inge an. Sie wolle bloß wegen Heiligabend fragen beziehungsweise, ob es richtig sei, daß Oma wieder zu Bruno gehe, sie hätte doch beim letzten Mal so was gesagt!

Frau Pieper konnte sich zwar überhaupt nicht erinnern, «so was» gesagt zu haben, aber im selben Moment mußte sie wieder an den verbotenen Weihnachtsmann denken, und daß die kleine Joanna um Gottes willen keine künstlich gefärbten Schokoladenriegel essen dürfe – und da sagte sie ganz einfach: «Ja, Inge, ich bin bei Bruno Heiligabend.»

«So, so», sagte Inge. «Er ruft ja nicht mehr bei uns an seit damals.»

«Ach, Kinder!», sagte Frau Pieper. «Ihr müßt euch doch wieder vertragen.»

Inge wünschte ein fröhliches Weihnachtsfest. Und sie würden dann wohl zwischen Weihnachten und Neujahr mal vorbeischauen.

Am selben Abend rief auch Bruno an. Er wolle bloß mal wegen Heiligabend fragen beziehungsweise: «Das ist doch richtig, daß du zu Inge gehst? Ich meine, du hättest so was gesagt beim letzten Mal.»

Das war der Augenblick, wo bei der alten Frau Pieper das Kleingeld fiel, wie sie immer sagte. So also war das! Nee! Das wußte sie zufällig genau, daß sie von Inge und Marcus nichts gesagt hatte. Und so vergeßlich war sie nun auch wieder nicht! Etwas tat weh da drinnen, aber gleichzeitig tat es auch gut. Frau Pieper hörte sich fragen: «Sprecht ihr eigentlich wirklich nicht mehr miteinander, Bruno?»

«Nein, Oma», war die Antwort.

«Ganz bestimmt nicht, Bruno?»

«Wieso? Soll ich vielleicht wieder anfangen – als Kapitalist und neureicher Spießer?»

«Müßt ihr ja wissen», sagte Frau Pieper. Und dann mit sehr freundlicher Stimme: «Ja! Ich bin bei Inge und Marcus Heiligabend.» Und hängte ein.

Gleich danach ging sie runter zu Käpt'n Lühmann.

«Ich mach mit, Herr Lühmann!»

«Das müssen wir begießen!» sagte Herr Lühmann und schenkte zwei reichliche Klare ein. Er fragte nicht, wieso und warum. Er sagte nur: «Sie sind in Ordnung, Frau Pieper! Man muß immer dahin gehen, wo man gebraucht wird.»

Der Klare kratzte viel mehr als Oma Piepers eigene Marke. Als sie die Treppe wieder raufging, sagte sie zu sich: «Komisch. Ich freu mich direkt mal auf Weihnachten . . .»

Der 24. Dezember war natürlich wieder schneller da, als es je ein Mensch ahnen konnte. Am Morgen sagte Inge zu Marcus: «Eigentlich finde ich es doch merkwürdig, daß Oma ohne jede Rückfrage zu Bruno geht. Aber wahrscheinlich gefällt's ihr da besser. Wo Bruno doch immer noch den Weihnachtsmann mit der Rute macht! Und dann singen sie alle ‹Ein Roß ist entlaufen› und Oma spielt ‹O Tannenbaum›. Das gefällt ihr. Kann man nix machen. Aber irgendwie tut sie mir leid.»

Bruno Pieper dagegen sagte zu Bärbel, er ärgere sich nun doch darüber, daß Oma zum zweitenmal Heiligabend zu Inge geht. «Die verstehen es einfach, ihr was vorzumachen mit ihrer

‹Künstler-Weihnacht› und ihren selbstgebastelten Geschenken. Vielleicht sitzen sie da und hören sich Omas Klavierspiel als naive Kunst an. Aber irgendwie tut sie mir leid.»

Am Nachmittag des Heiligen Abends kam dann die große Überraschung. Inge wollte aus der Stadt noch ein Buch für Marcus abholen. Bärbel mußte in der Nähe ein Paket abgeben. Was kommen mußte, kam: Plötzlich standen Schwägerin und Schwägerin einander gegenüber ohne die geringste Chance, aneinander vorbeiblicken zu können. Man lächelte freundlich-frostig, man wünschte sich fröhliche Weihnachten, und Inge bemerkte sogar doppelsinnig: «Scheint wohl doch was dran zu sein mit ‹Friede auf Erden›.» Fast hätte Bärbel gesagt: Sieht man sich im neuen Jahr? Aber da fiel ihr noch rechtzeitig Bruno ein. Und so sagte sie nur: «Also dann – grüß Oma schön von uns!»

«Aber – die ist doch bei euch!»

Da war es passiert! Inge begriff überhaupt nichts mehr.

«Habt ihr sie etwa wieder ausgeladen?»

«Erlaube mal! Habt *ihr* sie wieder ausgeladen?!»

Verflixt noch mal! Was hatte das zu bedeuten? Wohin geht sie heute abend – am Heiligen Abend?!

In der «Windigen Ecke» war Windstärke 12, wie Käpt'n Lühmann sagte. Junge, Junge – das hatte selbst er nicht gedacht, daß so viele zu seiner Feier kommen würden. Und wie sie alle in Stimmung waren! Die alte Frau Pieper haute in die Tasten, daß das Klavier nur so wackelte. Und jetzt wollten die auch noch tanzen!!

Ja, Oma Pieper! Am Morgen, als sie aufwachte, hatte sie sich vor sich selbst erschrocken. Heute ist Heiligabend, dachte sie. Und ich? Ich geh in die Kneipe! Was wohl Krischan dazu gesagt hätte? Und Bruno und Inge! Regelrecht angelogen hab ich sie! Sie kam sich richtig schlecht vor.

Ein Glück, daß soviel zu erledigen war: die bunten Teller fertigmachen, Tannenzweige auseinanderrupfen, Kerzen befestigen, Servietten falten, sich festlich anziehen ... Aber wenn in diesen Stunden Bruno oder Inge angerufen hätten: wer weiß, ob sie standhaft geblieben wäre.

Um vier Uhr nachmittags, als Käpt'n Lühmann sie abholte, hatte sie immer noch das Gefühl, was Schlimmes auszufressen. Käpt'n Lühmann fragte: «Alles klar?»

«Ei, Ei, Sör!» sagte Frau Pieper. Aber der zackige Gruß kam ziemlich kläglich.

Bis gegen sechs Uhr hatte man dann damit zu tun, die Tische zu decken, die Teller zu verteilen, Onkel Karl beim Kaffeekochen zu helfen. Karl, der Dicke, war überhaupt nicht wiederzuerkennen. Im blauen Anzug hatte den noch nie ein Mensch gesehen. Dankbar nahm Frau Pieper die beiden Edelkirsch an, die Onkel Karl schon mal ausgab. So wurde ihr allmählich besser.

Und dann – kurz nach sechs – ging's los. Bis dahin wußten sie ja immer noch nicht, wer überhaupt kommen würde. Das war auch Käpt'n Lühmanns größte Sorge gewesen. Klar, er war umhergelaufen und hatte in der ganzen Straße Reklame gemacht. Aber kann man sich auf alte Leute verlassen? Nun aber strömte es nur so. Bis halb sieben waren schon 14 Weihnachtsgäste da. Unter ihnen eine ganze Menge Leute, die Frau Pieper kannte. Der 90jährige Vater vom Drogisten unten im Haus. Wieso der nicht mit der Familie feierte? Und dann Herr Mühlbauer, der Meckerpott aus dem Erdgeschoß, der immer schon um sechs die Haustür abschloß. Herr Meisenkremer, der Polizist – er war ja dieses Jahr geschieden worden, und neulich hatten sie ihm den Führerschein abgenommen. Und dann natürlich «Lady Elsbeth» – das heißt: Frau Elsbeth Diepmann, die sie alle «die verrückte Schauspielerin» nannten: Im Sommer kam sie immer in den Supermarkt im Flatterkleid und auf hohen Hacken und deklamierte vor sich hin. Und Herr Krohn mit seiner Frau, die Untermieter von der Tankstelle, und noch dieser und jener, die Frau Pieper zumindest vom Ansehen kannte.

Und plötzlich hatte sie ihr schlechtes Gewissen vergessen. Richtig geehrt fühlte sie sich, daß die meisten zu ihr kamen, um ihr die Hand zu drücken. Käpt'n Lühmann hatte wohl erzählt, sie gehöre zu den Veranstaltern. So ein Schelm war der!

Dann kam der Kaffee! Dann kamen die Würstchen! Alles redete durcheinander. Onkel Karl ließ den Wein auffahren. Und nun riefen sie schon: «Oma Pieper! Musik!» Da gab Käpt'n Lühmann das Zeichen für das erste Weihnachtslied. Zuerst griff Frau Pieper vor lauter Aufregung mächtig daneben. Aber die Gäste sangen auch nicht so besonders richtig – und so fiel das gar nicht auf.

Käpt'n Lühmann schlug an sein Glas, stand auf und hielt eine Rede. Frau Pieper konnte gar nicht alles behalten, es schwirrte ihr der Kopf nur so, sie nippte an ihrem Wein und mußte immerzu kichern. Irgendwas sagte Käpt'n Lühmann vom Meer des Lebens, und daß alte Leute wie auf einer Insel leben, und die Schiffe fahren vorbei und tuten bloß, aber keiner der Matrosen kommt rüber, um sich um die Schiffbrüchigen zu kümmern. Ganz schönen Blödsinn redet der, dachte Frau Pieper, aber es war ungeheuer nett gemeint. Und dann zum Schluß, sagte Käpt'n Lühmann, er danke allen, die mitgeholfen haben, und besonders Frau Adele Pieper, die sich so eingesetzt habe und so wunderbar Klavier spiele.

Alle klatschten, Frau Pieper mußte aufstehen. Sagen konnte sie gar nichts, sie hob nur ihr Glas und trank es auf einen Zug aus. Dann wollten sie wieder Musik hören – und Oma Pieper spielte so schön wie noch nie in ihrem Leben. Alle sangen mit – bis auf Herrn Kakerbeck von der Fahrschule, der schon besoffen war und mitten in die Weihnachtslieder «Gewehr über! Rührt euch!» schrie. Aber Frau Pieper störte das nicht. Sie schwebte wie auf Wolken.

Doch dann – mitten in «O Tannenbaum» – ging die Tür auf. Ein kalter Windstoß blies herein. Ein Mann und eine Frau standen in der Kneipentür und schlugen sich die Schneeflocken vom Mantel.

Oma Pieper sah Käpt'n Lühmann an und flüsterte: «O Gott . . .!»

Aufgeregt waren Bärbel und Inge nach Hause geeilt, um die Botschaft von der verschwundenen Oma zu verkünden. Und wieder einmal glichen sich die Bilder:

Im Eigenheim sagte Bruno: «Siehst du wohl! Das kommt dabei

heraus, wenn du mir meine Mutter vergraulst! Warum soll sie auch nicht dabei sein, wenn Fischers kommen!?» Schon war der Krach da.

Im Künstleratelier hingegen war Inge den Tränen nahe: «Nur weil sie dem Kind ganz harmlos vom Weihnachtsmann erzählt, darf sie nicht zu uns. Du immer mit deinem Antiweihnachtsfimmel!! Und sie ist *meine* Mutter: Merk dir das!»

Die Bescherungen, traditionell unterm brennenden Weihnachtsbaum bei den Piepers, modern unterm hölzernen Hirtenstern bei den Grönings, verliefen in gedrückter Stimmung. Um sechs Uhr abends hatte Bruno bei Omas anderen Nachbarn, den Massmanns, angerufen. Die sagten ihm, daß vor ihm schon seine Schwester angefragt hätte. «Und Frau Pieper, Ihre Mutter, ja die ist doch in die Kneipe gegangen. Weihnachtsfeier für einsame Menschen!»

Mein Gott – Bruno fühlte richtig, wie das schlechte Gewissen in ihm hochstieg. Sie feierten hier mit «O-du-fröhliche» in trauter Familie, und die eigene Mutter saß in der Kneipe und weinte. Um acht hielt er es nicht mehr aus. Er rief Inge an: «Komm, Inge! Wir müssen mal nach ihr sehen. Bärbel bleibt zu Hause bei dem Jungen.» Fast gleichzeitig trafen sie Ecke Mozart- und Meyerbeer-Straße vor der «Windigen Ecke» ein. Es hatte zu schneien begonnen. Bruder und Schwester begrüßten sich höflich-reserviert, wie sie es sich vorgenommen hatten. Nicht daß einer vom andern glaubte, nur wegen Weihnachten oder wegen der verschwundenen Oma sei alles vergessen! Doch als Bruno vor der «Windigen Ecke» den Schnee von dem Schild streifte, das oben an der Treppe stand, und beide lasen:

«Heiligabend allein?
Onkel Karl lädt euch ein!»

konnte Inge nicht mehr anders: Sie ergriff Brunos Arm:

«Komm! Wir müssen sie hier rausholen!»

Irgendwie mußten die beiden sich wohl vorgestellt haben, ein Bild des Jammers würde sich ihnen darbieten: still vor sich hin wimmernde alte Menschen, betrunkene Elendsgestalten, einsam und hoffnungslos. Eines hatten sie jedenfalls nicht erwartet: diese ausgelassene Weihnachtsstimmung zu durchaus rhythmischen «O Tannenbaum»-Klängen. Kaum waren sie eingetreten, wurden sie von einem freundlichen alten Seemann empfangen, Käpt'n Lühmann. Er führte sie an einen Tisch und sagte: «Also so was Nettes! Ich weiß Bescheid! Frau Pieper hat mir gesagt, wer Sie sind. Jetzt müssen Sie aber erst mal etwas zu sich nehmen!»

Eine merkwürdige Geschwätzigkeit hatte den einsilbigen Seebären überfallen. Er wollte Kaffee, Stollen, Würstchen, Kirsch und Wein auf einmal anfahren lassen. Und Inge mußte ihn anflehen, ihr zu glauben, daß sie wirklich nichts mehr essen könne.

«Aber Likör und Wein müssen sein!»

«Da kann man ja nicht nein sagen», sagte Bruno.

«Auf Ihre Frau Mutter! Spielt sie nicht wunderbar? Und die bunten Teller sind auch von ihr. Können Sie stolz drauf sein, sag ich . . .»

Andere Gäste kamen herbei und betrachteten neugierig und abschätzend die Eindringlinge. «Oma Piepers Kinder», erklärte Käpt'n Lühmann wichtig. Und leise zu Ex-Schutzmann Meisenkremer: «Wenn die glauben, sie können uns die Musik wegholen . . .!»

Frau Pieper hatte es für richtig gehalten, nach «O Tannenbaum» noch «White Christmas» und «Ihr Kinderlein kommet» zu spielen – ohne sich bei diesem Titel etwas zu denken. Sie wollte nur Zeit gewinnen, um mit ihren Gedanken und Gefühlen fertig zu werden. Zuerst hatte sie sich furchtbar erschrocken. Das schlechte Gewissen. Du hast sie angelogen, Frau Pieper! Aber dann kam noch etwas viel Schlimmeres: Frau Pieper fühlte so was wie Stolz und Rührung. Mein Gott, die beiden hatten sie gesucht, den ganzen Heiligen Abend. So sehr hatten sie sie also vermißt. Hatten sich gewiß schreckliche Sorgen gemacht! Heiligabend ohne ihre Mutter – das hatten sie eben doch nicht ausgehalten. Und sie hatte ihnen Unrecht getan und sich so einfach aus Egoismus ihrem eigenen Vergnügen in die Arme geworfen. Dann kamen ihr die Kinder in den Sinn: Oliver und Joanna. Die hatten natürlich nach Oma gefragt. Aber diese Oma war eine selbstsüchtige, mimosenhafte Person. Weil sie sich nicht anpassen wollte. Weil sie kein Verständnis für die jungen Leute und die neue Zeit hatte!

«Ihr Kinderlein kommet», sang Frau Pieper, während ihr das alles durch den Kopf ging. Und dabei haute sie in die Tasten, als sollte es ein Boogie-Woogie werden.

«Jetzt wollen sie mich bestimmt nach Hause holen. Und dann feiern wir alle zusammen bei mir oder Bruno oder irgendwo . . .»

Frau Pieper brach ihr Spiel ab, sah die Tische entlang, wo wieder alles durcheinanderredete, als sei nichts geschehen, und ging festen Schrittes auf Bruno und Inge zu.

«Mutter!» sagte Inge. «Warum hast du nichts gesagt? Wie haben wir dich gesucht!!»

Und Bruno legte seinen Arm um ihre Schulter: «Wußte gar nicht, daß du noch so gut spielen kannst . . .»

«Ach», sagte Frau Pieper, «ich dachte eben, die brauchen mich hier und . . .»

«Ist ja in Ordnung», sagte Bruno. «Aber jetzt kommst du mit zu uns, Mutter! Es ist ja noch gar nicht so spät . . .»

Doch ehe Frau Pieper, die nun völlig durcheinander und hilflos Herrn Lühmann ansah, antworten konnte, hörte sie Inge sagen: «Wieso denn zu euch? *Ich* habe doch zuerst angerufen. Du kommst natürlich zu uns, Mutter. Joanna wartet auf dich . . .»

Mit einem Schlag sah Frau Pieper wieder klar. Käpt'n Lühmann wollte eingreifen. «Sie wollen uns unsere Kapelle . . .»

Aber die alte Frau Pieper unterbrach ihn: «Keine Angst, Herr Lühmann.» Und zu Inge und Bruno: «Sehr lieb von euch. Aber es ist ein bißchen zu spät.» Sie wunderte sich selbst über den Doppelsinn ihrer Worte. «Ihr seht doch, daß ich hier nicht wegkann. Aber euch vermissen sie zu Hause. Ruft mich morgen einfach an. Ich möchte ja auch meine Geschenke loswerden.»

Inge war so überrumpelt, daß sie anfangen wollte zu schimpfen: «Du kannst doch nicht einfach so verschwinden, Mutter. Und an uns denkst du wohl gar nicht . . .!»

Frau Pieper erhob ihren Edelkirsch (mein Gott, dachte sie, ich trink alles durcheinander), prostete Bruno und Inge zu, die folgsam ihre Gläser hoben, und sagte: «Prost, ihr Lieben! Und jetzt nach Hause mit euch! Hier bei uns Alten stört ihr bloß. Verstanden?» Und so komisch-böse sie konnte: «Keine Widerrede!»

Inge und Bruno hatten plötzlich wirklich das Gefühl, nicht recht angebracht zu sein. Wie die alten Leute sie alle anguckten!

«Musik!» rief Meckerpott Mühlbauer aus seiner Ecke, und noch einige andere fingen an zu murren.

«Fröhliche Weihnachten, Mutti. Vielen Dank, Herr Lühmann. Schönen Abend allerseits.» Und draußen waren sie.

«So sind die Alten!» sagte Inge. «Man macht sich Gedanken, man hetzt sich ab. Aber wenn sie nicht wollen, dann wollen sie nicht.»

«Grüß Marcus», sagte Bruno. Inge konnte es gar nicht fassen: Er küßte sie auf die Stirn – und ging zu seinem Auto.

In der «Windigen Ecke» aber tanzte Käpt'n Lühmann mit Oma Pieper «Freistil». Onkel Karl hatte ausnahmsweise die Musik-Box genehmigt und «All you need is Love» gedrückt, von den Beatles.

Heinrich Heine

An meine Mutter B. Heine, geborne v. Geldern

1

Ich bins gewohnt, den Kopf recht hoch zu tragen,
Mein Sinn ist auch ein bißchen starr und zähe;
Wenn selbst der König mir ins Antlitz sähe,
Ich würde nicht die Augen niederschlagen.

Doch, liebe Mutter, offen will ichs sagen:
Wie mächtig auch mein stolzer Mut sich blähe,
In deiner selig süßen, trauten Nähe
Ergreift mich oft ein demutvolles Zagen.

Ist es dein Geist, der heimlich mich bezwinget,
Dein hoher Geist, der alles kühn durchdringet,
Und blitzend sich zum Himmelslichte schwinget?

Quält mich Erinnerung, daß ich verübet
So manche Tat, die dir das Herz betrübet?
Das schöne Herz, das mich so sehr geliebet?

2

Im tollen Wahn hatt ich dich einst verlassen,
Ich wollte gehen die ganze Welt zu Ende,
Und wollte sehn, ob ich die Liebe fände,
Um liebevoll die Liebe zu umfassen.

Die Liebe suchte ich auf allen Gassen,
Vor jeder Türe streckt ich aus die Hände,
Und bettelte um gringe Liebesspende –
Doch lachend gab man mir nur kaltes Hassen.

Und immer irrte ich nach Liebe, immer
Nach Liebe, doch die Liebe fand ich nimmer,
Und kehrte um nach Hause, krank und trübe.

Doch da bist du entgegen mir gekommen,
Und ach! was da in deinem Aug geschwommen,
Das war die süße, langgesuchte Liebe.

Quellenverzeichnis

Mariama Bâ, «Das ist nun einmal das Los der Mutter», aus: *Ein so langer Brief,* Ullstein Verlag, Berlin 1983.

Simone de Beauvoir, «Tochter aus gutem Hause», aus: *Memoiren einer Tochter aus gutem Hause,* Rowohlt Verlag GmbH, Reinbek 1960.

Herbert Berger, «Mutter ist zur Kur», aus: *Heiteres und Besinnliches. Kurzgeschichten aus dem Alltag,* Pattloch Verlag im Weltbild Verlag GmbH, Augsburg 1984.

Ilse Gräfin von Bredow, «Stell auf den Tisch die duftenden Reseden . . .», aus: *Ein Fräulein von und zu,* Scherz Verlag, Bern und München 1987.

Barbara Bronnen, «Meine Mutter und das Meer», aus: *Mamma mia,* Beck'sche Verlagsbuchhandlung, München 1991. (Die Rechte liegen bei der Autorin.)

Irene Dikkers, «Märtyrerin mit Schüttelfrost», aus: *Mama wird's schon richten,* Scherz Verlag, Bern und München 1985.

Trude Egger, «Wer ist dran? – Ich nicht!», aus: *Er streichelt die Katze öfter als mich,* Scherz Verlag, Bern und München 1988.

Sophie Freud, «Eine berufstätige Mutter», aus: *Meine drei Mütter und andere Leidenschaften,* Claassen Verlag, Düsseldorf 1988.

Khalil Gibran, «Deine Kinder», aus: *Der Prophet,* Walter Verlag, Solothurn 1973.

Eva-Maria Harden, «Meine Mutter möchte manchmal die Welt verändern», aus: *Im Doppel billiger,* Scherz Verlag, Bern und München 1986.

Ursula Haucke, «Mit leeren Händen, aber vollem Herzen oder so», aus: *Ich hab geschielt, und Papa war beleidigt,* Deutscher Taschenbuch Verlag, München 1983.

Inge Helm, «Bildung tut not», aus: *Ach, du grüne Neune,* Scherz Verlag, Bern und München 1982.

Heilwig von der Mehden, «Wie erziehe ich richtig?» und «Mein Baby ist natürlich das süßeste!», aus: *Vielgeliebte Nervensäge,* Herder Verlag, Freiburg 1975.

Christine Nöstlinger, «Mütter wollen gebraucht werden», aus: *Haushaltschnekken leben länger,* Niederösterreichisches Pressehaus, St. Pölten 1985.

Marcel Pagnol, «Woher kommen die Babys?», aus: *Eine Kindheit in der Provence,* Langen Müller Verlag in der F. A. Herbig Verlagsbuchhandlung GmbH, München.

Libby Purves, «Mami verduftet», aus: *Die Kunst, (k)eine perfekte Mutter zu sein,* Kabel Verlag, Hamburg 1990.

Edda Rönckendorff, «Statt einer Weihnachtsgeschichte», aus: *Glück im Winkel,* Scherz Verlag, Bern und München 1992.

Jo Hanns Rösler, «Mutters gutes Geschirr», aus: *Wohin sind all die Jahre,* F. A. Herbig Verlagsbuchhandlung GmbH, München.

Heidi Roth, «Dem Zweitgeborenen», aus: *Geliebte Fremdlinge,* Blaukreuz Verlag, Bern 1966.

Evelyn Sanders, «Nur das bißchen Haushalt», aus: *Mit Fünfen ist man kinderreich,* Hestia, Verlagsunion Pabel-Moewig KG, Rastatt 1980 und 1989.

Hans Scheibner, «Heiligabend zur ‹Windigen Ecke›», aus: *Der Weihnachtsmann in Nöten,* Deutscher Taschenbuch Verlag, München 1986. (Die Rechte liegen beim Autor.)

Herbert Schneider, «Wie man eine brave Mutter glücklich macht», aus: *Bayerisches Federspiel,* Ludwig Verlag, München 1971.

H. G. Schwieger, «Die Einführung des Muttertages», aus: *Mütter sind unsterblich,* Blaue Reihe Verlag, Wiesbaden 1973.

Barbara Seuffert, «Du, was ich dir sagen wollte . . .», aus: *Du, was ich dir sagen wollte . . .,* Christliches Verlagshaus, Stuttgart 1990.

Johannes Mario Simmel, «Hinweis für Leute mit Müttern», aus: *Die Erde bleibt noch lange jung,* Verlag Schoeller & Co, Locarno/Droemer Knaur Verlag, München 1981.

Amy Tan, «Vier Himmelsrichtungen», aus: *Töchter des Himmels,* Goldmann Verlag, München 1990.

Phyllis Theroux, «Mutterliebe» und «Wer erobert die Fahne?», aus: *Meine Kinder tun das auch,* Deutscher Taschenbuchverlag, München 1992.

Una Troy, «Mami ist verschwunden», aus: *Mutter macht Geschichten,* Scherz Verlag, Bern und München 1974.

Henry Verneuil, «Anderssein», aus: *Meine Mutter Mairig,* Scherz Verlag, Bern und München 1988.

Wir danken den genannten Rechtsinhabern für die Genehmigung zum Abdruck der Auszüge aus den obengenannten Werken.